Estudos Aplicados de Direito Empresarial

Estudos Aplicados de Direito Empresarial

LL.C. EM DIREITO EMPRESARIAL

2019

Coordenação:

Pamela Romeu Roque

ALMEDINA

ESTUDOS APLICADOS DE DIREITO EMPRESARIAL
LL.C. EM DIREITO EMPRESARIAL

COORDENAÇÃO: Pamela Romeu Roque
DIAGRAMAÇÃO: Almedina
DESIGN DE CAPA: FBA
ISBN: 978-85-8493-506-2

Dados Internacionais de Catalogação na Publicação (CIP)
(Câmara Brasileira do Livro, SP, Brasil)

Estudos aplicados de direito empresarial : LL.C.
em direito empresarial / coordenação Pamela
Romeu Roque. -- São Paulo : Almedina, 2019.
Vários autores.

Bibliografia.
ISBN 978-85-8493-506-2

1. Direito empresarial 2. Direito empresarial -
Brasil I. Roque, Pamela Romeu.

19-27328 CDU-34:338(81)

Índices para catálogo sistemático:
1. Brasil : Direito empresarial 34:338(81)
Iolanda Rodrigues Biode - Bibliotecária - CRB-8/10014

Este livro segue as regras do novo Acordo Ortográfico da Língua Portuguesa (1990).

Junho, 2019

EDITORA: Almedina Brasil
Rua José Maria Lisboa, 860, Conj.131 e 132, Jardim Paulista | 01423-001 São Paulo | Brasil
editora@almedina.com.br
www.almedina.com.br

APRESENTAÇÃO

Este presente volume da coleção Estudos Aplicados de Direito Empresarial – LL.C. em Direito Empresarial compartilha com o público em geral cinco artigos apresentados como trabalho de conclusão de curso do programa de pós-graduação LL.C. em Direito Empresarial do Insper Direito. Foram os cinco trabalhos que melhor responderam aos desafios propostos no programa aliando um tema atual, abordado de maneira instigante, com uma perspectiva necessária ao atual profissional do Direito, ou seja, que não fique estanque em apenas um ramo jurídico muito menos desconsidere o contexto empresarial em que está inserido.

É justamente desse modo que Anna Carolina Endo Nicolini abre o volume com o seu artigo "A Importância da *Due Diligence* de *Compliance* em Operações de M&A para a Limitação da Responsabilidade da Empresa Sucessora, nos Termos da Lei 12.846/2013". Nele, a autora aborda a responsabilidade objetiva de uma pessoa jurídica pelos chamados atos lesivos à Administração Pública praticados por outras pessoas jurídicas posteriormente sucedidas em processo de fusões e aquisições, responsabilidade essa inaugurada pela nossa Lei Anticorrupção. Nesse contexto, o artigo questiona e analisa se e como a adoção de procedimentos detalhados e específicos de diligência prévia em tais transações poderia amenizar eventual penalidade aplicada à empresa sucessora. As linhas escritas por Anna Carolina Endo Nicolini são muito proveitosas para o novo cenário que se delineou no Brasil após a vigência da Lei Anticorrupção.

Na sequência, Felipe Fieri Silva discute criticamente o atual panorama de exigências de divulgação de informação a que as companhias de capital aberto estão sujeitas em seu artigo "O Dever de Informar (*Disclosure*) e a Necessidade de Simplificação na Prestação de Informações ao Mercado por Companhias de Capital Aberto". Nele, o autor constata a existência de redundâncias e de excesso em exigências feitas, e reflete sobre alternativas de melhoria nos processos de divulgação de informações, especialmente sob o prisma do equilíbrio da atuação reguladora e da disseminação da prática da autorregulação, buscando que os dados disponibilizados sejam mais eficazes e objetivos – características muito necessárias ao funcionamento adequado do mercado.

Em seguida, Maria Luiza Pereira Alves de Lima se debruça sobre tema muito presente para os agentes que se dedicam às *startups*. Em seu artigo "Principais Aspectos do Contrato de Participação e da Sociedade em Conta de Participação no Investimento Anjo", a autora aborda o tipo de investimento nessas empresas emergentes conhecido por "Investimento Anjo" e sua inserção no ordenamento jurídico brasileiro. Após, a autora compara, especialmente sob o viés tributário, dois instrumentos costumeiramente cogitados para concretizar esses investimentos, quais sejam, a Sociedade em Conta de Participação e o Contrato de Participação tal como tratado pela Lei Complementar nº 155/2016. Com tema atual, alvo de discussões recentes, este artigo tem muito a contribuir.

Também no sentido de uma boa discussão atual, Matheus Lothaller Gianello apresenta seu artigo intitulado "Aplicação do *Compliance* na Administração Pública". Nele, o autor parte do contexto da inserção do *compliance* no Brasil a partir de recentes normas para identificar a necessidade de que o *compliance* também esteja inserido no contexto das práticas da Administração Pública e não apenas da parte privada desta equação, como real forma preventiva à corrupção. Em sua análise, o autor discute recentes normas que procuram inserir o *compliance* de fato na Administração Pública e aborda desafios da sua implementação nos mais diversos níveis, dando atenção às iniciativas e projetos já existentes.

Por fim, fechando este volume, Paulo Henrique Wilson apresenta seu artigo "Da Responsabilidade Civil dos Diretores Jurídicos nas Tomadas de Decisões Empresariais sob a Ótica da *Business Judgment Rule* no Brasil". Nele, o autor aborda o cada vez mais presente diretor jurídico, um advogado que faz parte da alta administração de empresas. O autor confronta e desafia como este profissional está sujeito, nessa posição, não apenas às regras próprias da profissão do advogado, especialmente o Estatuto da Advocacia e da Ordem dos Advogados do Brasil, mas também às regras incidentes aos administradores em geral. Nesse ponto, Paulo Henrique Wilson ousa em investigar se se aplica a *business judgement rule* para este profissional cujas decisões estão sujeitas a esse emaranhado de normas.

Como dito antes, as reflexões propostas por estes autores são instigantes e atuais, de modo que desejamos a todos uma excelente leitura.

PREFÁCIO

CONSTRUÇÃO E LEGADO

> Acima de tudo sê fiel a ti mesmo,
> Disso se segue, como a noite ao dia,
> Que não podes ser falso com ninguém.
> Shakespeare, *in* Hamlet

Nesse ano de 2019, em que o Insper Direito completa 20 anos de história por meio da construção de uma escola focada no desenvolvimento profissional para uma atuação estratégica dos milhares de profissionais que nos deram a honra de compartilhar ensinamentos e experiências, construímos um verdadeiro legado, aqui representado pela presente coleção "Estudos Aplicados de Direito Empresarial", a qual tive a honra de ser um dos idealizadores e coordenador do volume de contratos por mais de três anos. Tenho a honrosa missão e responsabilidade de prefaciar essa 4ª edição, especialmente no ano em que igualmente deixo a coordenação do Insper Direito, encerrando com chave de ouro um ciclo iniciado pelo Prof. Dr. Jairo Saddi, seguido pelo Prof. Dr. André Antunes Soares de Camargo e concluído por mim.

Minha primeira atuação no Insper foi fruto da recomendação do Prof. Dr. Daniel M. Boulos, aquém sou profundamente grato por inúmeros ensinamentos, oportunidades profissionais e acadêmicas e um grande amigo. Confirmada a minha seleção pelos demais colegas, professores conselheiros e pelo então coordenador geral dos programas de direito, o Prof. André Camargo, iniciei, ainda em 2012, minha trajetória no Insper Direito com a missão de colaborar na reestruturação de todo o processo de elaboração das monografias de conclusão de curso, o qual passou a permitir a elaboração de qualificados artigos científicos.

Realizamos a missão com muita presteza, tendo eu sido o único da equipe original de professores orientadores a permanecer durante todo o processo de reversão de uma estatística que era originalmente baixa. Após cinco anos como professor orientador, conseguimos reverter o quadro e alcançar expressivos e postivos resultados.

Ao longo do processo de reestruturação dos trabalhos de conclusão de curso, já mantínhamos uma parceria com a Editora Almedina Brasil para a publicação das melhores monografias aprovadas em qualificada banca de professores. Ainda não tínhamos uma coleção para focar nos artigos científicos elaborados por nossos alunos e selecionados pelos professores orientadores.

Foi nesse momento que idealizamos em equipe, professores orientadores, professores conselheiros e coordenação, a estrutura da presente coleção "Estudos Aplicados de Direito Empresarial" a qual busca trazer ao público os cinco melhores artigos científicos de cada programa do Insper Direito.

A coleção foi originalmente pensada para ocorrer em uma única edição por ano, sempre próximo ao encerramento do ano letivo. Com a expansão dos programas do pós-graduação em direito e crescente aumento dos alunos que apresentavam o seu TCC, fruto da reestruturação de todo o processo de elaboração do TCC, logo percebemos que seria necessário avançar, sendo essa 4ª edição da coleção Estudo Aplicados de Direito Empresarial, o resultado de tal avanço. Projetamos o lançamento de duas edições por ano, porém, sem ficar presos a obrigação do seu lançamento, mas sim, fieis à qualidade que sempre pautou nossas atividades, mantendo a estrutura de cinco artigos de alta qualidade e relevância, prioritariamente de nossos alunos dos programas do pós-graduação e selecionados pelos professores orientadores que coordenam cada um dos volumes.

O leitor terá a oportunidade de conferir as mais diversas abordagens para temas novos, ou com novas leituras de questões já existentes, sempre fiel a qualidade e rigor científico para o enfrentamento de questões concretas e complexas. Buscamos não ficar presos às questões puramente acadêmicas e sem grande aplicação prática. Como uma escola de negócios, os textos que aqui apresentamos trazem luz para as mais variadas dificuldades do dia-a-dia do jurídico empresarial estratégico.

Tenho a honra de encerrar esse ciclo de 20 anos, deixando um verdadeiro legado que foi construído por todos que estiveram na posição de coordenação, conselheiros, professores, alunos, apoio acadêmico e toda a equipe do Insper que construiu esse belo projeto ao longo de duas décadas.

A coleção Estudo Aplicados de Direito Empresarial, em apenas três anos já trouxe ao público 75 artigos altamente qualificados de nossos alunos e cada um dos volumes desta 4ª edição apresenta mais cinco novos artigos, de forma que estamos muito próximos a suplantar a marca de 100 qualificados artigos elaborados por nosso corpo discente, marca realmente expressiva para uma publicação tão jovem no cenário jurídico nacional.

Deixo aqui o meu muito obrigado à todas e todos que colaboraram, de alguma forma, durante essa caminhada e construção de um legado para as novas e futuras gerações que doravante passam a conduzir os trabalhos, desejo sorte e muito mais repetições desse sucesso, fruto de muito trabalho e dedicação de todos os envolvidos até o momento.

Parabéns aos colegas que têm a honra de participar dessa 4ª edição histórica, celebrando os 20 anos do Insper Direito e o sucesso de um projeto plural, competente e de muita dedicação e empenho, vamos em frente.

Boa leitura a todos!

Prof. Dr. RODRIGO FERNANDES REBOUÇAS

SUMÁRIO

A Importância da *Due Diligence* de *Compliance* em Operações de M&A para a Limitação da Responsabilidade da Empresa Sucessora, nos Termos da Lei 12.846/2013

ANNA CAROLINA ENDO NICOLINI

Introdução

Antes da entrada em vigor da Lei 12.846/2013 ("Lei Brasileira Anticorrupção"), o tema anticorrupção já era objeto de diversos tratados internacionais dos quais o Brasil é signatário[1]. Havia também a previsão esparsa acerca da matéria em diversas leis brasileiras, como na Lei 8.666/1993 (Lei de Licitações), Lei 8.429/1992 (Lei de Improbidade Administrativa), Lei 9.613/1998 (Lei de Lavagem de Dinheiro) e Código Penal.

O arcabouço jurídico existente até então não "satisfazia plenamente o compromisso assumido no campo internacional pelo Brasil de aplicar sanções a todas as pessoas jurídicas envolvidas em corrupção pública"[2]. Entendeu-se necessário o aprimora-

[1] Como, por exemplo, a Convenção Interamericana Contra Corrupção da Organização dos Estados Americanos, de 1996, e ingressante no ordenamento jurídico nacional através do Decreto 4.410/2002; e a Convenção das Nações Unidas contra a Corrupção de 2003, ingressante no ordenamento jurídico brasileiro pelo Decreto 5.687/2003.

[2] CARVALHOSA, Modesto. *Considerações Sobre a Lei Anticorrupção das Pessoas Jurídicas*. Editora Revista dos Tribunais. São Paulo, 2015, p. 31.

mento da discussão sobre o tema, através do estabelecimento de mecanismos administrativos de investigação, controle e fiscalização do Estado[3]. Neste cenário, surge a Lei Brasileira Anticorrupção, promulgada em 1º de agosto de 2013 e vigente desde 29 de janeiro de 2014. Nesse contexto de inúmeros escândalos de corrupção noticiados diariamente no país, verificou-se o esforço do governo federal no sentido de corrigir a lacuna existente sobre o tema até aquele momento. Temos então que o advento da referida lei decorreu, majoritariamente, da soma de dois fatores principais, quais sejam, o clamor popular, visto na ocasião, e a necessidade de atender aos compromissos internacionais de combate à corrupção, anteriormente firmados pelo Brasil.

A Lei Brasileira Anticorrupção é bem clara em seu objetivo: ela prevê a responsabilização civil e administrativa de pessoas jurídicas por atos de corrupção, diretos ou indiretos, contra a Administração Pública nacional e estrangeira, e encontra respaldo na Constituição Federal, notadamente em seu art. art. 37[4]. Sua promulgação trouxe inovações[5], provocando nas empresas sujeitas a sua jurisdição, a urgência na revisão de suas regras de governança corporativa até então adotadas.

Entre as inúmeras novidades trazidas pela lei, e sobre a qual o presente trabalho pretende se debruçar, está a responsabilidade dos compradores em casos de fusões e aquisições. Este debate passa a ter maior relevância uma vez que a Lei Brasileira Anticorrupção prevê que a responsabilidade pela prática de atos contra a administração pública nacional ou estrangeira

[3] BASTOS, Márcio Thomaz. *Um Modelo de Política de Combate à Corrupção*. Revista do Advogado, Ano XXXIV, n. 125. São Paulo, 2014, p. 69.

[4] "Art. 37. A administração pública direta e indireta de qualquer dos Poderes da União, dos Estados, do Distrito Federal e dos Municípios obedecerá aos princípios de legalidade, impessoalidade, moralidade, publicidade e eficiência.".

[5] As quais serão objeto de análise do presente trabalho no capítulo subsequente.

é objetiva, inclusive em hipóteses de sucessão empresarial, conforme se verifica no art. 4º, §1º.

Também nos últimos 5 anos, observou-se no Brasil o crescimento do mercado de fusões e aquisições de empresas. De acordo com pesquisa realizada em dezembro de 2017 pela *PricewaterhouseCoopers Brasil* ("PwC")[6], neste ano foram registradas no Brasil 643 operações fusões e aquisições de empresas ("*M&A*"[7]). Isso corresponde a um crescimento de 8% em comparação com o mesmo período do ano anterior, de acordo com a mesma pesquisa. A PwC informa ainda que, do total de transações com o valor declarado, 16 dessas envolviam montantes superiores a US$1bilhão. Tais dados nos permitem perceber que o mercado de *M&A* no Brasil, além de apontar para uma tendência de expansão significativa, tem movimentado valores expressivos, expondo, assim, as empresas, tanto compradoras quanto adquiridas, a consideráveis riscos pré e pós operação.

Os motivos para tal crescimento são diversos, e muitos deles fogem ao escopo desta pesquisa, mas alguns fatores devem ser levados em consideração para fins do presente estudo. O país enfrentou notória crise econômica nos últimos anos, levando as empresas brasileiras a profundas crises próprias, muitas das quais resultaram em necessidade de recuperação judicial ou conduziram-nas à falência. Neste contexto, a desvalorização dessas empresas estabeleceu um ambiente ainda mais propício para fusões e aquisições por companhias estrangeiras que estivessem dispostas a investir no país[8]. Em um país como o

[6] *Fusões e Aquisições no Brasil* – Dezembro 2017. Disponível em https://www.pwc.com.br/pt/estudos/servicos/assessoria-tributaria-societaria/fusoes-aquisicoes/2017/pwc-fusoes-aquisicoes-dezembro-2017.html. Acessado em 19.02.2018

[7] Do inglês *merger and acquisiton.*

[8] *O Brasil em Liquidação.* El Pais, 21.01.2016. Disponível em https://brasil.elpais.com/brasil/2016/01/20/economia/1453326792_762071.html. Acesso em 01.03.2018.

Brasil, adquirir uma empresa que enfrenta uma crise conjuntural, mas que seja atrativa num prazo mais elástico, demanda de empresas estrangeiras cuidados e preocupações específicas, em razão dos potenciais passivos de todos os tipos que podem advir da efetivação da transação.

Somando-se ao movimento natural do mercado de fusões e aquisições de empresas, observamos que existe também a tendência de companhias estrangeiras de aproveitarem a desvalorização do preço de ativos nacionais para realizarem investimentos no Brasil através de fusão e/ou aquisição de empresas brasileiras. Tais investidoras, a fim de minimizarem o risco inerente à operação, também devem realizar as devidas diligências em momento anterior à conclusão do negócio, permitindo-lhes saber de maneira acurada o que estão adquirindo e, em especial, avaliar riscos que eventualmente possam decorrer da concretização da operação.

Se, de um lado, é necessário realizar a análise de risco inerente ao negócio e à empresa em particular, de outro deve-se considerar ainda o risco nacional e as perdas estimadas com corrupção no mundo. Assim, ao se realizar uma análise de risco, as empresas estrangeiras que queiram investir no Brasil, devem levar em consideração, também, outros dados estatísticos que chamam atenção:

I. o Brasil aparece em 96ª posição no Ranking Mundial (180 países avaliados), do Índice de Percepção da Corrupção, divulgado pelo órgão Transparência Internacional[9], com nota de 37 pontos (usando a escala de zero para altamente corrupto, e 100 para altamente íntegro);

[9] Transparência Internacional. *Índice de Percepção de Corrupção 2017.* Disponível em https://transparenciainternacional.org.br/home/indice. Acesso em 02.06.2018.

II. de acordo com projeção feita pelo Fórum Econômico Mundial em 2014[10], estima-se que U$2.6 trilhões de dólares são perdidos em razão de práticas de atos de corrupção em todo o globo. De acordo com o mesmo órgão, isso equivale a 5% do PIB mundial.

Entendemos que todos estes dados devem ser analisados em conjunto, pois deles resulta a preocupação que, em nosso ponto de vista, será inevitavelmente enfrentada por empresas que buscam realizar investimentos no Brasil através da aquisição de outras companhias.

Pretendemos demonstrar que, em um cenário de corrupção endêmica como se verifica no Brasil e, à luz da Nova Legislação Anticorrupção[11], é essencial que, no início das negociações para potencial realização de uma operação de *M&A*, as empresas investidoras tomem ações de precauções necessárias para realização segura do investimento, através da adoção de processos investigativos (devidamente realizados e documentados) e subsequente análise das informações obtidas, a fim de determinar o verdadeiro estado em que a empresa a ser adquirida se encontra, e por esta via avaliar eventuais riscos que possam decorrer da operação caso ela seja efetivada. Para tanto, recorre-se ao processo de devida diligência prévia (conhecido e aqui referido como *due diligence*), que será pormenorizadamente explicado no decorrer deste trabalho.

Buscaremos demonstrar que, em razão dos diplomas legais supracitados e do cenário atual brasileiro, fala-se hoje em *due diligence* específica para a averiguação de problemas e riscos

[10] PORTINARI, Natália. *PIB per capita do Brasil subiria 30% sem corrupção, diz estudo do FMI*. Folha de São Paulo. São Paulo, 2017. Disponível em https://www1.folha.uol.com.br/mercado/2017/10/1926931-pib-per-capita-do-brasil-subiria-30-sem-corrupcao-diz-estudo-do-fmi.shtml. Acessado em 13.05.2018.

[11] Assim definido no capítulo subsequente.

abrangidos pela Lei Brasileira Anticorrupção, com a finalidade de evitar a sucessão da responsabilidade nos termos do mesmo diploma legal.

A partir da análise do histórico e das principais inovações trazidas pela Lei Brasileira Anticorrupção, entre elas e principalmente a previsão de responsabilidade objetiva pela prática de atos ilícitos abarcados pelo referido diploma legal, discutiremos sobre a importância da adoção de procedimento de *due diligence* em operações de fusão e aquisição de empresas, especificamente voltado para a averiguação de potencial prática de atos de corrupção[12], buscando a mitigação dos riscos pós-operação para os investidores, decorrentes das novas obrigações trazidas pela Lei Brasileira Anticorrupção.

1. Lei 12.846/2013 – Lei Brasileira Anticorrupção e suas Principais Inovações

A Lei Brasileira Anticorrupção trouxe novidades que, indiscutivelmente, deverão ser observadas pelas empresas a fim de garantir a adequação à nova realidade do país no tocante ao combate à corrupção. Cabe aqui ressaltar que também o Decreto 8.420/2015 ("Decreto Regulamentador"), em termos de novos padrões de governança, em muito contribuiu para o tema. Neste capítulo analisaremos as mais relevantes inovações da nova legislação ("Nova Legislação Anticorrupção") e suas principais penalidades previstas para casos de descumprimento de seus preceitos, considerando os dois diplomas acima mencionados.

Antes de tratar das inovações e sanções, conforme proposto, cabe ressaltar que o bem jurídico protegido pela Nova Legislação Anticorrupção não estava, antes de seu advento, des-

[12] Assim previstos na Lei Brasileira Anticorrupção.

protegido. As condutas referidas no art. 5º[13] da Lei Brasileira Anticorrupção já eram consideradas ilícitas por alguns diplomas legais então vigentes – Lei de Improbidade Administrativa, Lei de Licitações e Código Penal. A novidade fica por conta do punido: antes apenas pessoa física, agora também pessoa jurídica (nos termos do art. 1º).

Temos que a Nova Legislação Anticorrupção é aplicável às pessoas jurídicas em razão da prática de atos lesivos contra a administração pública, nacional ou estrangeira. Neste sentido, a prática de atos de corrupção pela pessoa física, continua reprimida pelos dispositivos contidos no Código Penal brasileiro.

[13] "Art. 5º Constituem atos lesivos à administração pública, nacional ou estrangeira, para os fins desta Lei, todos aqueles praticados pelas pessoas jurídicas mencionadas no parágrafo único do art. 1º, que atentem contra o patrimônio público nacional ou estrangeiro, contra princípios da administração pública ou contra os compromissos internacionais assumidos pelo Brasil, assim definidos: I – prometer, oferecer ou dar, direta ou indiretamente, vantagem indevida a agente público, ou a terceira pessoa a ele relacionada; II – comprovadamente, financiar, custear, patrocinar ou de qualquer modo subvencionar a prática dos atos ilícitos previstos nesta Lei; III – comprovadamente, utilizar-se de interposta pessoa física ou jurídica para ocultar ou dissimular seus reais interesses ou a identidade dos beneficiários dos atos praticados; IV – no tocante a licitações e contratos: a) frustrar ou fraudar, mediante ajuste, combinação ou qualquer outro expediente, o caráter competitivo de procedimento licitatório público; b) impedir, perturbar ou fraudar a realização de qualquer ato de procedimento licitatório público; c) afastar ou procurar afastar licitante, por meio de fraude ou oferecimento de vantagem de qualquer tipo; d) fraudar licitação pública ou contrato dela decorrente; e) criar, de modo fraudulento ou irregular, pessoa jurídica para participar de licitação pública ou celebrar contrato administrativo; f) obter vantagem ou benefício indevido, de modo fraudulento, de modificações ou prorrogações de contratos celebrados com a administração pública, sem autorização em lei, no ato convocatório da licitação pública ou nos respectivos instrumentos contratuais; ou g) manipular ou fraudar o equilíbrio econômico-financeiro dos contratos celebrados com a administração pública; V – dificultar atividade de investigação ou fiscalização de órgãos, entidades ou agentes públicos, ou intervir em sua atuação, inclusive no âmbito das agências reguladoras e dos órgãos de fiscalização do sistema financeiro nacional."

Para restar claro, explica Modesto Carvalhosa[14] que "somente a pessoa jurídica, tal como elencado no parágrafo único do artigo 1º, pode ser sujeito ativo do delido de corrupção. E o sujeito passivo será sempre o Estado". Também a esse respeito, escreve Pedro Ivo Gricoli Iokoi[15]:

> A inovação mais importante que a Lei Anticorrupção brasileira trouxe ao nosso sistema foi, sem dúvida alguma, a mudança do enfoque no combate à corrupção, estabelecendo sanções para as pessoas jurídicas autoras, coautoras ou partícipes dos ilícitos praticados contra a Administração Pública nacional ou estrangeira.

É necessário lembrar também que se trata de norma de âmbito administrativo e civil[16] e que a responsabilização na esfera administrativa não afasta a possibilidade de responsabilização judicial, conforme disposto no art. 18[17] da Lei Brasileira Anticorrupção. Na realidade, elas são complementares e dispõem de sanções diversas. Na esfera administrativa, as sanções específicas aplicáveis às pessoas jurídicas infratoras são (i) multa, que pode chegar a 20% do faturamento bruto do último exercício anterior ao da instauração do processo administrativo, e (ii) publicação extraordinária da sentença condenatória (con-

[14] CARVALHOSA, Modesto. *Considerações Sobre a Lei Anticorrupção das Pessoas Jurídicas.* Editora Revista dos Tribunais. São Paulo, 2015, p. 51.

[15] IOKOI. Pedro Ivo Gricoli. *O novo modelo de combate à corrupção.* Revista do Advogado, ano XXXIV. São Paulo, 2014, p. 118.

[16] Cabe aqui registrar posição contrária de Modesto Carvalhosa, na obra supracitada (p. 42): "e o processo administrativo, no entanto, em se tratando da presente Lei, não tem caráter meramente sancionatório, mas propriamente penal, pois a conduta corruptiva constitui um dano enorme ao bem jurídico representado pelo Estado, na sua condição fiduciária e tuto do interesse da coletividade.".

[17] Art. 18. Na esfera administrativa, a responsabilidade da pessoa jurídica não afasta a possibilidade de sua responsabilização na esfera judicial.

forme disposto no artigo 6º, incisos I e II). As sanções aplicáveis na esfera judicial, por sua vez, são as previstas no art. 19 da Lei Brasileira Anticorrupção, abaixo transcrito:

> I – Perdimento dos bens, direitos ou valores que representem vantagem ou proveito direta ou indiretamente obtidos da infração, ressalvado o direito do lesado ou de terceiro de boa-fé;
> II – Suspensão ou interdição parcial de suas atividades;
> III – dissolução compulsória da pessoa jurídica;
> IV – Proibição de receber incentivos, subsídios, subvenções, doações ou empréstimos de órgãos ou entidades públicas e de instituições financeiras públicas ou controladas pelo poder público, pelo prazo mínimo de 1 (um) e máximo de 5 (cinco) anos.

A rigidez das penalidades previstas para casos de descumprimento da Lei Brasileira Anticorrupção ganhou destaque, vindo a ser, assim, mais uma razão para motivar as empresas a buscar conformidade com o novo diploma legal. Como falado, a matéria já era tratada, excluindo a responsabilização da pessoa jurídica, por outros diplomas legais, mas o rigor das punições previstas na Nova Legislação Anticorrupção certamente merece ser motivo de destaque. Apesar de ser expressamente uma norma de caráter administrativo, a rigorosidade das punições previstas levanta o debate sobre seu caráter sancionador, conforme explica Iokoi[18]:

> Essa mudança de concepção e o caráter nitidamente penal da nova norma geraram algumas confusões interpretativas, levando a imprensa a noticiar que a Lei Anticorrupção teria ampliado a responsabilidade penal da pessoa jurídica, o que não ocorreu. A nova norma optou por uma sistemática parecida com a adotada

[18] IOKOI. Pedro Ivo Gricoli. *O novo modelo de combate à corrupção*. Revista do Advogado, ano XXXIV. São Paulo, 2014, p. 119.

> pela Alemanha e pela Itália, ao estabelecer sanções exclusivamente administrativas para as empresas. (...) Independentemente do caminho que se pretenda trilhar, o legislador optou por não enfrentar a problemática da responsabilização criminal da pessoa jurídica, explicitando que a norma dispõe sobre a responsabilização administrativa e civil das pessoas jurídicas pela prática de atos contra a Administração Pública. Entretanto, a despeito dessa roupagem, é nítido seu caráter sancionador, com penas correspondentes ou mais severas que as previstas nas normais penais.

Dito isso, passemos a analisar algumas das principais inovações trazidas pela Lei Brasileira Anticorrupção.

Já em seu artigo 1º, a lei informa que "dispõe sobre a responsabilidade objetiva administrativa e civil das pessoas jurídicas pela prática de atos lesivos contra a administração pública nacional ou estrangeira". A responsabilidade objetiva adotada pela Lei Brasileira Anticorrupção é motivo de grande debate no meio jurídico, e será aprofundada neste trabalho em capítulo posterior.

Menos controversa e mais aplaudida é a previsão, no art. 7º, inciso VIII da Lei Brasileira Anticorrupção, a respeito da criação de programas de *compliance*[19] (ou, como descrito no mencionado diploma e em seu Decreto Regulamentador, Programa de Integridade). Este tema já era motivo de atenção para empresas estrangeiras operantes no Brasil, em razão de sua sujeição à *Foreign Corrupt Practices Act*, de 1977 ("FCPA") ou ainda da *UK Bribery Act*, de 2010 ("UKBA"), leis norte americana e britânica anticorrupção (respectivamente).

[19] Wagner Giovanini, em sua obra *Compliance – A Excelência na Prática* (1ª Edição. São Paulo, 2014. P. 20), explica que *compliance* é "um termo oriundo do verbo inglês '*comply*', significando cumprir, satisfazer ou realizar uma ação imposta. Não há tradução correspondente para o português.".

Com o advento da Lei Brasileira Anticorrupção, a preocupação deixa de ser restrita às multinacionais, passando a ganhar relevância inclusive entre pequenas e médias empresas nacionais. Esta inovação ganha destaque quando analisamos principalmente o que a lei não diz: ocorre, a partir do advento da Nova Legislação Anticorrupção, a transferência de responsabilidade do poder público à iniciativa privada da criação e manutenção de mecanismos de prevenção a atos de corrupção. Tal movimento de responsabilização se torna bastante claro quando analisamos a previsão de responsabilidade objetiva, que será abordada em capítulo específico do presente trabalho. O mesmo entende Pedro Aguiar de Freitas[20], quando escreve sobre o tema:

> A Lei nº 12.846, de 2013, joga nova luz sobre o combate à corrupção no Brasil, remetendo às empresas parte da responsabilidade por esse desafio que até aqui, se imputou quase exclusivamente ao Poder Público. De fato, ao dispor sobre a responsabilidade administrativa e civil das pessoas jurídicas pela prática de atos contra a Administração Pública, nacional ou estrangeira, a já chamada Lei Anticorrupção ou LAC busca atrair empresas para o cenário complexo da prevenção e combate à corrupção. Se, de um lado, a crítica de que o Estado procura transferir o ônus de uma atividade eminentemente estatal para a iniciativa privada parece inevitável; de outro, tem-se que a responsabilização da pessoa jurídica por ato de corrupção não é uma opção isolada do legislador brasileiro, mas representa, principalmente, a adesão do Brasil a uma tendência internacional que se assemelha irreversível.

A Nova Legislação Anticorrupção não define como obrigatória a implementação de programas de *compliance* pelas empresas.

[20] FREITAS, Pedro Aguiar. *A Lei Anticorrupção e as empresas: compliance e modulação de sanções*. Revista do Advogado, Ano XXXIV. São Paulo, 2014, p. 97.

Ela prevê, no entanto, em seu art. 7º, inciso VIII, que, quando existente, poderá atenuar consideravelmente eventual pena aplicada pelo descumprimento da lei. Essa possibilidade, sem dúvida, gerou nas empresas uma busca por criar departamentos específicos, ou ao menos destacar funcionários dentro da organização, especificamente para garantir a observância às leis. O desafio está em, conforme determinado na Nova Legislação Anticorrupção, fazer o programa de integridade efetivo, não bastando a simples criação e adoção de código de conduta para que a efetividade seja verificada. Entendemos que esse tema é bastante complexo e mereceria um outro estudo específico, separado e pormenorizado, motivo pelo qual não adentraremos as minúcias do assunto.

Mantendo nossa atenção, ainda, em suas inovações de maior destaque, salientamos que a Lei Brasileira Anticorrupção e o Decreto Regulamentador dispõem sobre procedimento específico para a apuração de responsabilidade, o chamado processo administrativo de responsabilização ("PAR") por eventual descumprimento de seus preceitos (previsto no artigo 8º e seguintes da mesma lei). Trata-se de processo administrativo que tem como objetivo apurar a responsabilidade da pessoa jurídica pela prática de ilícitos previstos na referida lei. A Lei Brasileira Anticorrupção, estabelece em seu art. 8º a competência para instauração e julgamento do PAR:

> Art. 8º A instauração e o julgamento de processo administrativo para apuração da responsabilidade de pessoa jurídica cabem à autoridade máxima de cada órgão ou entidade dos Poderes Executivo, Legislativo e Judiciário, que agirá de ofício ou mediante provocação, observados o contraditório e a ampla defesa.
>
> § 1º A competência para a instauração e o julgamento do processo administrativo de apuração de responsabilidade da pessoa jurídica poderá ser delegada, vedada a subdelegação.

Apesar da Lei Brasileira Anticorrupção não demandar regulamentação local para ser efetiva, esta lacuna dificulta a apuração das práticas ilícitas e punição das empresas envolvidas, em especial no âmbito estadual e municipal, uma vez que o procedimento local para condução de investigações não está definido. Após quase 5 anos em vigor, a Lei Brasileira Anticorrupção foi regulamentada no âmbito federal, através do Decreto Regulamentador, e, até janeiro de 2018, também por 16 Estados brasileiros[21]. Do ponto de vista federal, os procedimentos e competência estão bem estabelecidos e passíveis de aplicação pela Controladoria Geral da União.

A complexidade normativa referente à competência para a aplicação da Lei Brasileira Anticorrupção pode ser melhor entendida através de alguns números: até janeiro de 2018 o Governo Federal iniciou processo contra 183 empresas, resultando até a referida data, na aplicação de 30 penalidades. Quando olhamos para os números dos Estados e Município, a realidade é muito diferente. Até janeiro de 2018 foram aplicadas apenas 14 penalidades decorrentes de descumprimento da Lei Brasileira Anticorrupção[22].

Seguindo o estudo sobre as inovações trazidas pela Nova Legislação Anticorrupção, temos a regulamentação dos acor-

[21] A saber: Alagoas – Decreto n. 52.555/17, Distrito Federal – Decreto n. 37.296/16, Espírito Santo – Decreto n. 3971-R/2015, Goiás – Lei n. 18.672/2015, Maranhão – Decreto n. 31.251/2015, Mato Grosso – Decreto n. 522/2016, Mato Grosso do Sul – Decreto n. 14.890/2017, Minas Gerais – Decreto n. 46.782/2015, Paraíba – Decreto n. 38.308/2018, Paraná – Decreto n. 10.271/2014, Pernambuco – Lei n. 16.309/2018, Rio de Janeiro – Decreto n. 46.366/2018, Rio Grande do Norte – Decreto n. 25.177/2015, Santa Catarina – Decreto n. 1.106/2017, São Paulo – Decreto n. 60.106/2014 e Tocantins – Decreto n. 4.954/2013).

[22] Em 4 anos da Lei Anticorrupção, a União abre 183 processos e penaliza 30 empresas. Janeiro de 2018. Disponível em http://agenciabrasil.ebc.com.br/geral/noticia/2018-01/em-4-anos-da-lei-anticorrupcao-uniao-abre-183-processos-e-penaliza-30-empresas. Acesso em 18.08.2018.

dos de leniência feitos no âmbito da lei (art. 16 e seguintes), firmando o mecanismo como uma das principais ferramentas para as empresas ajustarem suas condutas aos termos da nova regulamentação. O acordo de leniência, já muito utilizado na esfera concorrencial, serve aqui para que a empresa infratora, espontaneamente, comunique às autoridades competentes, o cometimento de infração, e tem como consequência, caso cumpridos seus requisitos, a diminuição da pena a ser aplicada à empresa que firmar o acordo. Neste sentido, explica Modesto Carvalhosa[23]:

> Leniência, portanto, no contexto da presente lei, representa um pacto de colaboração firmado entre a autoridade processante e a pessoa jurídica indiciada ou já processada, através do qual se estabelece a promessa de serem abrandadas as penalidades aqui instituídas (...). Trata-se de uma promessa pactuada de diminuição das penalidades vinculadas a uma condição resolutiva de resultado, ou seja: somente se cumpre e se perfaz a promessa do benefício, na medida em que das informações e dos documentos fornecidos pela pessoa jurídica pactuante resultar efetivamente a ampliação das pessoas componentes do concurso delitivo.

Por fim, mas não menos importante, citamos a criação do Cadastro Nacional de Empresas Punidas – CNEP (art. 22 e seguintes). Sobre esta inovação, lembramos que caberá às autoridades encarregadas manter atualizadas as condenações decorrentes da prática de atos de corrupção praticados pela pessoa jurídica. Sobre ela, explica Modesto Carvalhosa[24]:

[23] Carvalhosa, Modesto. *Considerações Sobre a Lei Anticorrupção das Pessoas Jurídicas*. Editora Revista dos Tribunais. São Paulo, 2015, p. 371.

[24] Carvalhosa, Modesto. *Considerações Sobre a Lei Anticorrupção das Pessoas Jurídicas*. Editora Revista dos Tribunais. São Paulo, 2015, p. 51.

> A redação sempre falha também desse dispositivo dá a impressão que apenas devem ser inscritas no CNEP as sanções decorrentes do processo penal-administrativo (art. 6º), ou seja, de caráter punitivo (jus puniendi), e ainda relativas ao acordo de leniência e sua evolução. Não é assim. Dada a natureza intrinsecamente informativa do regime cadastral, o CNEP deve ele dar publicidade dos posteriores efeitos judiciais da originária punição penal-administrativa ocorrida, ou seja, das condenações ressarcitórias decretadas na ação civil pública. Desse modo, os dados do CNEP devem incluir todos os efeitos judiciais decorrentes da condenação punitiva (jus puniendi) decorrentes do devido processo penal-administrativo, dentro do princípio da publicidade que requer permanente atualização e plena informação de todos os efeitos próprios da condenação penal-administrativa do caso concreto.

Vale aqui mencionar os efeitos indiretos que a inscrição do nome da empresa punida nas referidas listas pode acarretar. É inegável que aquelas empresas que dependem da credibilidade junto à sociedade ou que tenham suas ações negociadas em bolsa podem ser diretamente atingidas por essa inscrição, ocasionando prejuízos, por vezes incalculáveis.

Apesar de todas as novidades trazidas pela Nova Legislação Anticorrupção, sua aplicação, em razão da discussão sobre a competência, ainda é tímida. Como mencionamos no capítulo anterior, os números não são expressivos, mas tendem a aumentar com o amadurecimento dos diplomas legais em comento. Feita essa ressalva, mais uma vez destacamos a necessidade de observância de todos os preceitos acima detalhados, em especial em razão das duras penalidades possíveis em caso de eventual descumprimento da referida legislação, seja pela empresa infratora, seja por eventual empresa sucessora, conforme veremos a seguir.

2. Procedimento de *Due Diligence* de *Compliance* em Operações de Fusões e Aquisições de Empresas

O avanço da globalização e a internacionalização da economia cada vez mais nítidos têm contribuído para o aquecimento do mercado de fusões e aquisições no Brasil. Em 2017, verificou-se a ocorrência de 830 operações de *M&A*, batendo recorde histórico neste mesmo ano[25]. Somado a estes fatores, temos também a crise econômica que afetou sobremaneira o país nos últimos anos, criando um cenário propício para a reorganização mercadológica empresarial. Hoje, as cada vez mais numerosas operações de *M&A* estão ligadas não apenas à intenção de investimentos ou à estratégia expansionista de empresas com caixa disponível para tanto, mas também à reestruturação societária para permitir sobrevida a determinadas companhias, por vezes assoladas pela crise financeira e, em outros casos, pela crise de corrupção também observada no Brasil.

Como exemplo deste último caso, podemos citar o impacto que Operação Lava Jato teve nos números de operações de fusões e aquisições nos últimos anos[26]. Algumas das empresas envolvidas na citada operação participaram, desde 2015, de transações que somaram mais de R$ 103 bilhões, em muitos dos casos por necessidade de se desfazerem de determinados ativos, seja para angariar recursos, para arcar com as multas aplicadas em razão de violações à Lei Brasileira Anticorrupção ou ainda pela necessidade de reorganização de suas atividades em decor-

[25] Operações de fusões e aquisições no Brasil bateram recorde histórico em 2017. Folha de São Paulo, 20 de janeiro de 2018. Disponível em https://www1.folha.uol.com.br/mercado/2018/01/1951957-operacoes-de-fusoes-e-aquisicoes-no-brasil-bateram-recorde-em-2017.shtml. Acesso em 22.08.18.

[26] Lava Jato levou empresas a vendar mais de R$100 bilhões de ativos desde 2015. Portal G1, 13 de outubro de 2017. Disponível em https://g1.globo.com/economia/negocios/noticia/lava-jato-levou-empresas-a-vender-mais-de-r-100-bilhoes-em-ativos-desde-2015.ghtml. Acesso em 22.08.2018.

rência da perda de benefícios anteriormente captados (como empréstimos com o BNDES ou isenção fiscal).

Operações de *M&A* costumam envolver volumes elevados de recursos financeiros, além de serem extremamente complexas. Equipes multifuncionais trabalham para aferir o valor da empresa[27], verificando, para tanto, além dos ativos da empresa a ser adquirida ("Empresa Alvo"), também seus passivos mais relevantes. Com foco nesse objetivo, tais equipes necessitam das mais diversas informações e documentos para análise. De forma extremamente simplista, oportunidades aumentam o valor da empresa, e riscos têm o efeito de, em regra, diminuí-lo.

Para a realização desse investimento vultuoso e complexo, como em geral são as operações de fusões e aquisições, realizam-se, entre outros, análises de balanço patrimonial da Empresa Alvo, de suas ações judiciais e administrativas em andamento, de aspectos societários, trabalhistas, fiscais, contratuais, regulatórios. Tal conjunto de estudos e análises têm o intuito de oferecer à empresa pretendente ao investimento ("Empresa Investidora") um panorama sobre os ativos, passivos e riscos da empresa objeto da potencial aquisição. Para a averiguação de tais aspectos, realiza-se a chamada *due diligence* pré-operação. A importância dessa verificação prévia está no fato de que a Empresa Investidora (após a realização da transação, "Empresa Sucessora") herda não apenas os direitos da Empresa Alvo, mas também seus deveres. Sobre a sucessão societária, explica Maristela Rossetti[28]:

> Por força de tal instituto, ocorre a transferência de bens, direitos e deveres, de tal forma que o sucessor torna-se responsável pela continuidade do cumprimento das obrigações anteriormente con-

[27] Trabalho este conhecido como *valuation*.

[28] ROSSETTI, Maristela Sabbag Abla. *Sucessão Empresarial: declarações e garantias – o papel da Legal Due Diligence*. Ed. Quartier Latin. São Paulo, 2005, p. 102-103.

tratadas, bem como, torna-se o titular de todos os bens e direitos até então detidos pelo transmitente, sem interrupção nas referidas relações jurídicas. Devendo ficar claro que o sucessor adquire uma posição jurídica idêntica à do titular original, não podendo adquirir mais direitos ou deveres que detinha o sucedido.

Para verificação da sucessão empresarial, temos três possibilidades[29]: através de fusão (operação que resulta na união de duas ou mais sociedades para formar uma sociedade nova), incorporação (operação pela qual uma ou mais sociedades são absorvidas por outra) ou cisão de sociedade (operação pela qual a companhia transfere parcelas de seu patrimônio para uma ou mais sociedades, constituídas para esse fim ou já existente, extinguindo-se a companhia cindida, caso haja versão de todo o seu patrimônio). Nos dois primeiros casos, a sucessão de direitos e obrigações é integral e, no caso de cisão, entende-se que a sucessão é parcial (limitada ao patrimônio transferido).

Ocorrendo qualquer dos casos acima descritos, se dá a sucessão (universal, nos dois primeiros casos e parcial no último) dos direitos e responsabilidades das empresas envolvidas subsistindo inclusive, nos termos da Lei Brasileira Anticorrupção, a responsabilidade por eventuais violações cometidas pela Empresa Alvo. Esta previsão está contida no art. 4º: "Subsiste a responsabilidade da pessoa jurídica na hipótese de alteração contratual, transformação, incorporação, fusão ou cisão societária.".

Vale ressaltar, no entanto, que para os mesmos casos de sucessão empresarial, o parágrafo 1º do artigo supratranscrito informa que a responsabilidade da Empresa Investidora, limita-se

[29] FREITAS, Arystóbulo de Oliveira e ALVES, Joyce Ruiz Rodrigues. *Hipóteses de responsabilidade solidária e decorrentes de sucessão empresarial na Lei da Empresa Limpa e impactos nas operações societárias*. Revista do Advogado, Ano XXXIV. São Paulo, 2014, p. 33.

à obrigação de pagamento de multa e reparação integral do dano causado, até o limite do patrimônio transferido:

> § 1º Nas hipóteses de fusão e incorporação, a responsabilidade da sucessora será restrita à obrigação de pagamento de multa e reparação integral do dano causado, até o limite do patrimônio transferido, não lhe sendo aplicáveis as demais sanções previstas nesta Lei decorrentes de atos e fatos ocorridos antes da data da fusão ou incorporação, exceto no caso de simulação ou evidente intuito de fraude, devidamente comprovados.

Neste sentido, depreende-se do mencionado texto legal que, para ilícitos praticados pela Empresa Alvo antes da data da operação, apesar de permanecer vigente a responsabilidade da Empresa Sucessora, não são aplicáveis as demais sanções previstas na Lei Brasileira Anticorrupção (explicadas no capítulo anterior do presente trabalho).

A mesma lei, em seu art. 7º, inciso VII prevê que:

> Serão levados em consideração na aplicação das sanções: VIII – a existência de mecanismos e procedimentos internos de integridade, auditoria e incentivo à denúncia de irregularidades e a aplicação efetiva de códigos de ética e de conduta no âmbito da pessoa jurídica.

Somado ao art. 4º referido, o Decreto Regulamentador traz, em seu art. 42, inciso XIV, o seguinte:

> Art. 42. Para fins do disposto no § 4º do art. 5º, o programa de integridade será avaliado, quanto a sua existência e aplicação, de acordo com os seguintes parâmetros:
>
> XIV – verificação, durante os processos de fusões, aquisições e reestruturações societárias, do cometimento de irregularidades ou ilícitos ou da existência de vulnerabilidades nas pessoas jurídicas envolvidas;

Conjugando o art. 4º e o art. 7º, inciso VII da Lei Brasileira Anticorrupção, com o art. 42, inciso XIV do Decreto Regulamentador, possível chegar à seguinte conclusão: (i) subsiste a responsabilidade da pessoa jurídica nas hipóteses de sucessão empresarial, limitada à obrigação de pagamento de multa e reparação integral do dano causado, até o limite do patrimônio transferido; (ii) para determinação da penalidade aplicável à Empresa Sucessora em caso de violação da lei pela Empresa Alvo antes da realização da transação, serão levados em consideração na aplicação das sanções, entre outros parâmetros, a existência de mecanismos e procedimentos internos de integridade; (iii) para a verificação da existência e eficácia do programa de integridade, para que este tenha a capacidade de reduzir eventual pena aplicada, averiguar-se-á a realização de procedimento de verificação (*due diligence*), durante os processos de fusões, aquisições e reestruturações societárias, do cometimento de irregularidades ou ilícitos ou da existência de vulnerabilidades nas pessoas jurídicas envolvidas.

Parece-nos que estão dirimidas quaisquer dúvidas sobre a importância cada vez maior da realização de *due diligence* anticorrupção pré-operação (neste trabalho referida como "*Due Diligence* de *Compliance*"), feita especificamente para averiguar potenciais desvios de conduta não percebidos ou não anunciados até então pela Empresa Alvo. Em que pese sua realização não parecer eximir a Empresa Sucessora de posterior responsabilização, ela poderá ser considerada para diminuição de eventual penalidade aplicada no âmbito da Lei Brasileira Anticorrupção.

Esta modalidade de *due diligence,* realizada antes da efetivação da transação, também tem com o objetivo avaliar a Empresa Alvo, coletar informações e mapear os riscos envolvidos no negócio e, para ser efetiva, deve ir além de um simples exame documental. Caso a Empresa Investidora busque a concreta avaliação de potenciais riscos de *compliance* que podem vir à tona após a realização da transação, deve lançar mão de ferramentas que possibilitem o acesso ao real estado em que a Empresa Alvo se encontra. Para tanto, poderá valer-se de mapeamento de áreas de risco da Empresa Alvo, entrevistas com funcionários estratégicos, avaliação do Programa de Integridade (caso haja), existência de procedimentos para prevenção de fraudes, verificação da relação com terceiros, avaliação dos fornecedores da empresa. Tudo isso conjugado com a análise do segmento de atividades da Empresa Alvo e da sua reputação no mercado de atuação, além de, obviamente, verificação dos livros contábeis da empresa para cruzamento de informações. Sobre este procedimento, explica Carlos Henrique da Silva Ayres[30]:

> Para o seu sucesso, é essencial que a *due diligence* seja devidamente documentada, descrevendo de forma clara e precisa todas as etapas realizadas e informações obtidas, *red flags* identificadas e soluções.

O desdobramento deste trabalho dependerá do que for apurado durante a realização da *Due Diligence* de *Compliance*. É certo que tais levantamentos, no mínimo, darão transparência à transação, sendo essenciais para determinação de riscos da operação e proteção da Empresa Investidora como sucessora, possível nos termos da Lei Brasileira Anticorrupção, e como já explicado nos parágrafos anteriores.

Após verificados e devidamente analisados os riscos de *compliance*, através do processo minucioso de *Due Diligence* de *Compliance* acima explicado, caberá à Empresa Investidora a decisão de como endereçar o tema. É certo que muitos desdobramentos serão possíveis, a depender do que for apurado no proce-

[30] AYRES, Carlos Henrique da Silva. *Temas de Anticorrupção e Compliance*. Elsevier Editora. São Paulo, 2013, p. 215.

dimento pré-operação e da disposição ao risco que a Empresa Investidora está disposta a se expor. Minimamente, caso decida--se pela continuidade da operação, o processo de *Due Diligence* de *Compliance* guiará os planos pós-fechamento da Empresa Investidora, para a melhoria e/ou correção dos procedimentos de *compliance* até então adotados pela Empresa Alvo, ou ainda pela decisão de implementação de Programa de Integridade até então inexistente.

Como consequência do acima exposto, estamos certos que a importância da *Due Diligence* de *Compliance* em operações de *M&A* é inegável, não apenas por se tratar de exigência legal para diminuição de eventual penalidade aplicada no âmbito da Lei Brasileira Anticorrupção, mas também por ser essencial para que as partes tenham o mais amplo conhecimento possível dos riscos envolvidos na operação, podendo influenciar ainda na composição do preço[31], na determinação de garantias, na estipulação de cláusulas contratuais para responsabilização por eventuais problemas descobertos posteriormente.

É possível também que, após a verificação da situação da Empresa Alvo através da realização de efetiva e estruturada *Due Diligence* de *Compliance*, a Empresa Investidora opte por não dar continuidade na operação. Isso porque, conforme vimos, (i) a responsabilidade por infrações à Lei Brasileira Anticorrupção são transferidas à Empresa Sucessora, (ii) como as penas estipuladas pela Lei Brasileira Anticorrupção são consideravelmente altas e, (iii) considerando ainda que a Empresa Investidora pode também estar sujeita à FCPA ou UKBA, existe o risco de eventual processo investigatório e subsequente aplicação de pena-

[31] Vale destacar que a verificação dos riscos pela via da *due diligence* pode implicar em uma situação positiva. A existência de bons mecanismos de prevenção a fraudes e um programa efetivo de integridade implementado pela Empresa Alvo pode ser motivo de atratividade e, inclusive, influenciar positivamente os valores envolvidos na operação de *M&A*.

lidades cabíveis, o que tornará o valor da operação inexequível. No entanto, vê-se na prática que os resultados da *Due Diligence* de *Compliance*, independente da verificação da prática de ilícitos pela Empresa Alvo, acaba resultando na estruturação de plano de ação pós-fechamento, ou estrutura de mitigação de riscos, que corrija as falhas encontradas na fase pré-operação. Neste sentido, explica Carlos Henrique Ayres[32]:

> Ademais, na hipótese de o negócio prosseguir, as informações obtidas durante a *due diligence* serão fundamentais para que, imediatamente após a operação ser concluída, eventuais problemas sejam corrigidos e o programa de *compliance* da empresa alvo seja aprimorado ou implementado. (...) Vale ressaltar que a mesma premissa da *due diligence* de terceiros é válida no contexto de operações de fusões e aquisições, ou seja, a identificação de uma ou mais *red flags* por si só não significa que a operação com a empresa alvo não deva ser realizada. O importante é que, uma vez identificado o fator de risco, a *due diligence* seja devidamente estruturada para analisar tal fator. Em qualquer caso, é preciso que se tenha em mente que cada transação é única e envolve diversos aspectos e circunstâncias peculiares.

Já sabemos que, nos termos da Lei Brasileira Anticorrupção, a Empresa Sucessora continua responsável pelas práticas ilícitas cometidas pela Empresa Alvo, responsabilidade da qual não poderá se livrar contratualmente. Mas, vimos também, que o procedimento de *Due Diligence* de *Compliance* possibilita a Empresa Investidora ajustar o preço do negócio com base nas informações encontradas durante as análises prévias, bem como incluir cláusulas de declarações e garantias que, cuja quebra posterior de tais declarações e garantias, pode acarretar

[32] AYRES, Carlos Henrique da Silva. *Temas de Anticorrupção e Compliance*. Elsevier Editora. São Paulo, 2013, p. 221

na possibilidade de busca por ressarcimento por danos havidos pela Empresa Investidora.

No próximo capítulo nos ocuparemos de tentar entender como a *Due Diligence* de *Compliance*, além de permitir ajustes contratuais para mitigação de risco, pode atenuar a responsabilidade da Empresa Sucessora em caso de eventual instauração de PAR para a apuração de prática de ilícito pela Empresa Alvo antes da realização da operação.

3. Resposabilidade Decorrente de Sucessão Empresarial Prevista na Lei Brasileira Anticorrupção

Para iniciarmos a discussão sobre a responsabilidade objetiva definida na Lei Brasileira Anticorrupção, cabe aqui uma breve explicação e, principalmente, conceituação de responsabilidade civil. Para tanto, nos valeremos de algumas premissas (i) a ideia de responsabilidade civil está contida no Código Civil Brasileiro; (ii) adotado um conceito básico de responsabilidade civil, necessário também diferenciar responsabilidade objetiva e subjetiva, (iii) após diferenciada a responsabilidade subjetiva e objetiva, é preciso identificar qual a responsabilidade das empresas sucessoras, nos termos da Lei Brasileira Anticorrupção, em operações de *M&A*, e (iv) identificada a responsabilidade da sucessora, vale entender como ela pode ser mitigada em operações de *M&A*, através da adoção de *Due Diligence* de *Compliance*.

De forma simplificada, podemos entender responsabilidade civil como sendo "o dever jurídico de recomposição a um dano sofrido por alguém, imposto ao seu causador, direto ou indireto"[33]. Isso está claro no art. 927 do Código Civil, que prevê que "aquele que, por ato ilícito, causar dano a outrem, fica obrigado a repará-lo".

[33] LISBOA, Roberto Senise. *Manual de direito civil,* v. 2. *Direito das obrigações e responsabilidade civil,* 7ª Edição. Editora Saraiva. São Paulo, 2013, p. 263

Em linhas gerais, e a menos que a responsabilidade objetiva esteja claramente determinada em lei, a regra é a aplicação da responsabilidade subjetiva, prevista no artigo 186 do Código Civil. Quando aplicada a regra geral, cabe ao indivíduo lesado comprovar a culpa do agente causador do dano. Já no caso da responsabilidade objetiva, há a possibilidade de punição independe de culpa do agente causador do dano, bastando a verificação da conduta e resultado lesivo. A diferença é explicada de forma criteriosa e clara por Nelson Nery e Rosa Maria de Andrade Nery[34]:

> A responsabilidade civil se assenta na conduta do agente (responsabilidade subjetiva) ou no fato da coisa ou no risco da atividade (responsabilidade objetiva). Na responsabilidade objetiva o sistema fixa o dever de indenizar independentemente da culpa ou dolo do agente. Na responsabilidade subjetiva há o dever de indenizar quando se demonstra o dolo ou a culpa do agente, na causação do fato que ocasionou o dano.

Para melhor entender o tema, cabe aqui um paralelo com a responsabilização da pessoa jurídica por dano causado ao meio ambiente. Sabemos que a pessoa jurídica no Brasil pode ser punida criminalmente apenas por um tipo de conduta: prática de crime ambiental. Temos na Lei 6.938/81 (Política Nacional do Meio Ambiente), em seu art. 4º, que será imposto ao poluidor e ao predador a obrigação de recuperar e/ou indenizar os danos causados ao meio ambiente. Entende-se como poluidor a pessoa física ou jurídica responsável, direta ou indiretamente, por atividade que cause ou tenha causado degradação ambiental. A mesma lei, em seu art. 14, prevê que:

[34] NERY JUNIOR, Nelson e Rosa Maria de Andrade Nery. *Código Civil Comentado*, 12ª Edição. Editora Revista dos Tribunais. São Paulo, 2017, p. 1403.

> Sem obstar a aplicação das penalidades previstas neste artigo, é o poluidor obrigado, **independentemente da existência de culpa**, a indenizar ou reparar os danos causados ao meio ambiente e a terceiros, afetados por sua atividade.

Quando uma empresa utiliza o meio ambiente em seu próprio e exclusivo benefício, são gerados custos e/ou benefícios aos demais membros da sociedade, ou seja, tanto os custos quanto os benefícios são externados socialmente. Considerando que a atividade econômica desenvolvida, ao mesmo tempo em que gera um custo social, também gera lucro para a empresa, que a beneficia exclusivamente, não é razoável, portanto, que o ônus seja distribuído para toda a sociedade, devendo a pessoa jurídica arcar com os todos os custos decorrentes de sua conduta.

De acordo com Pedro Serrano[35], um dos papéis da responsabilidade civil objetiva por dano ao meio ambiente é ajustar as falhas de mercado ligadas à existência de externalidades dentro do processo produtivo[36], induzindo a internalização da externalidade negativa observada (neste caso, a poluição). Desta forma, o poluidor deve arcar com os custos necessários à diminuição, eliminação ou neutralização do dano por ele causado. Em outras palavras, ainda de acordo com referido autor[37], "o indivíduo realiza uma atividade econômica que gera um ônus social, e ele deve arcar por isso".

[35] SERRANO, Pedro Estevam Alves Pinto. *A responsabilidade objetiva da Lei Anticorrupção*. Revista do Advogado, ano XXXIV, nº 125. São Paulo, 2013, p. 109

[36] A poluição é aqui considerada, obviamente, como uma externalidade negativa.

[37] SERRANO, Pedro Estevam Alves Pinto. *A responsabilidade objetiva da Lei Anticorrupção*. Revista do Advogado, ano XXXIV, nº 125. São Paulo, 2013, p. 109

Também sobre o tema o STJ[38] reiteradamente já decidiu nesse sentido:

> A responsabilidade objetiva, calcada na teoria do risco, é uma imputação atribuída por lei a determinadas pessoas para ressarcirem os danos provocados por atividades exercidas no seu interesse e sob seu controle, sem que se proceda a qualquer indagação sobre o elemento subjetivo da conduta do agente ou de seus prepostos, bastando a relação de causalidade entre o dano sofrido pela vítima e a situação de risco criada pelo agente. (...) a responsabilidade por dano ambiental é objetiva, informada pela teoria do risco integral, sendo o nexo de causalidade o fator aglutinante que permite que o risco se integre na unidade do ato, sendo descabida a invocação, pela empresa responsável pelo dano ambiental, de excludentes de responsabilidade civil para afastar a sua obrigação de indenizar. Em relação aos danos ambientais, incide a teoria do risco integral, advindo daí o caráter objetivo da responsabilidade, com expressa previsão constitucional (art. 225, § 3º, da CF) e legal (art.14, § 1º, da Lei 6.938/1981), sendo, por conseguinte, descabida a alegação de excludentes de responsabilidade, bastando, para tanto, a ocorrência de resultado prejudicial ao homem e ao ambiente advinda de uma ação ou omissão do responsável. (EDcl no REsp 1.346.430-PR, Quarta Turma, DJe 14.2.2013).

A responsabilidade objetiva do poluidor por danos ao meio ambiente tem fundamento simplesmente no risco ou fato da atividade praticada pelo agente poluidor, independentemente de eventual apuração de culpa do agente. Portanto, para a responsabilização civil por prática de crime ambiental, basta

[38] BARRETO, Carolina Menezes. *O STJ e a teoria do risco integral na responsabilidade civil por dano ambiental*. Disponível em http://www.conteudojuridico.com.br/artigo,o-stj-e-a-teoria-do-risco-integral-na-responsabilidade-civil-por-dano-ambiental,51705.html. Acesso em 01.09.2018.

a demonstração da efetiva ocorrência de dano ambiental, da atividade poluidora e do nexo causal entre o dano e a atividade, sendo, portanto, irrelevante a análise da culpa do agente. Ainda Pedro Serrano[39], ao tecer comentários a respeito da responsabilidade objetiva prevista na Lei Brasileira Anticorrupção, também estabelece o paralelo com a responsabilização da pessoa jurídica por crimes ambientais. Tal aproximação entre crime ambiental e corrupção nos permite certa analogia para o entendimento e análise da Lei Brasileira Anticorrupção que, nas palavras de Modesto Carvalhosa[40] quando adota a responsabilidade objetiva, tem foco na "conduta-benefício" da pessoa jurídica infratora:

> Esse regime constitui a transposição para o direito penal-administrativo da teoria da imputação objetiva, que representa o instrumento moderno de julgamento e condenação por parte do juiz criminal, não mais fundado na causalidade tipo-dolo, mas na causalidade conduta-benefício procurado e obtido pela pessoa jurídica corrupta.

Ressaltamos que, para a punição da pessoa jurídica pela prática de ilícitos previstos na Lei Brasileira Anticorrupção, existe a necessidade de preenchimento de dois requisitos para a responsabilização do infrator: a demonstração efetiva da existência de ato ilícito e o nexo de causalidade entre o ato da empresa infratora e o resultado obtido com tal prática.

Retomando o raciocino de Nelson e Rosa Nery, e Pedro Serrano acima mencionados, a responsabilidade objetiva se assenta no fato da coisa ou no risco da atividade, como é claramente a

[39] Serrano, Pedro Estevam Alves Pinto. *A responsabilidade objetiva da Lei Anticorrupção*. Revista do Advogado, ano XXXIV, nº 125. São Paulo, 2013, p. 110.
[40] Carvalhosa, Modesto. *Considerações Sobre a Lei Anticorrupção das Pessoas Jurídicas*. Editora Revista dos Tribunais. São Paulo, 2015, p. 40.

intenção da Lei Brasileira Anticorrupção, e que a opção da lei pela responsabilidade objetiva ocorreu visando exclusivamente a punição do agente corruptor, embasada na culpa presumida da pessoa jurídica infratora.

A temática da responsabilização objetiva na Lei Brasileira Anticorrupção é, sem nenhuma dúvida, seu ponto mais controverso, havendo toda forma de posicionamento na doutrina. Para os fins do presente trabalho, embora tais posicionamentos contrários sejam reconhecidos, entendemos que a Nova Legislação Anticorrupção foi clara em seu objetivo (qual seja, responsabilizar objetivamente a pessoa jurídica infratora), por uma razão também bastante clara (tornar efetivo o combate à corrupção, transferindo, ou pelo menos compartilhando a responsabilidade antes totalmente deixada nas mãos da Administração Pública, com o particular infrator), motivo pelo qual (e para manter a objetividade deste trabalho), adotaremos a premissa que a Empresa Investidora, efetivada a operação de *M&A*, é sucessora integral, por força legal, do passivo decorrente da efetivação da transação, podendo ser responsabilizada objetivamente por eventuais infrações cometidas pela Empresa Alvo, antes da realização da operação.

Esclarecido o tema da responsabilidade objetiva da Empresa Sucessora, perguntamos: é possível limitar tal responsabilidade quando adotado o procedimento de *Due Diligence* de *Compliance* em operações de *M&A*? De forma objetiva, entendemos que a responsabilidade permanece a mesma, mas, conforme explicado no capítulo anterior e determinado em lei, a adoção prévia de *Due Diligence* de *Compliance*, assim entendida como parte do programa efetivo de integridade da Empresa Investidora, certamente terá impacto na penalidade posteriormente aplicada, caso se verifique, no decorrer do PAR, cometimento de infração pela Empresa Alvo, nos termos da Lei Brasileira Anticorrupção.

Isso porque, como já falado, ao final da *Due Diligence* de *Compliance*, dependendo de quais descobertas a Empresa Investidora fizer sobre a Empresa Alvo, diversas são as providências que ela poderá tomar a partir disso. E nesta decisão está a maior variável sobre a possibilidade ou não de mitigação do risco de *compliance* em operações de *M&A*. Ao averiguar o cometimento de infração prevista na Lei Brasileira Anticorrupção pela Empresa Alvo, deverá a Empresa Investidora tomar a decisão adequada a partir das informações levantadas na *Due Diligence* de *Compliance*, a depender da gravidade do caso apurado, podendo, entre vários arranjos possíveis, (i) embutir o valor do risco na operação e buscar corrigir a falha encontrada após a efetivação da transação, (ii) comunicar às autoridades competentes sobre o ocorrido, através de acordo de leniência, (iii) optar por não efetivar a transação, (iv) criar mecanismos contratuais para ressarcimento de danos em caso de instauração posterior de PAR. Em outras palavras, a efetividade da *Due Diligence* de *Compliance* para mitigação do risco em operações de *M&A* dependerá do que dela for extraído e como tais informações serão utilizadas pela Empresa Sucessora, cabendo a ela avaliar cada opção existente e tomar a decisão mais adequada ao negócio.

Considerações Finais

Percorridas todas as questões propostas no presente trabalho, podemos então chegar a algumas conclusões, elencadas abaixo.

1. A Lei Brasileira Anticorrupção surgiu em meio a inúmeros escândalos de corrupção noticiados diariamente no país e, nesse contexto, tivemos a tentativa do governo federal de corrigir a lacuna existente sobre o tema até então. Ela é bem clara em seu objetivo, ao dispor sobre a responsabilização civil e administrativa de pessoas jurídicas por atos de corrupção, diretos ou indiretos, contra a Administração Pública nacional ou estrangeira. Entre

as inúmeras novidades trazidas pela lei está a responsabilidade objetiva também dos compradores em hipóteses de sucessão empresarial, conforme se verifica em seu artigo 4º, §1º. A rigidez das penalidades previstas para casos de descumprimento da lei ganhou destaque, sendo mais uma razão para motivar as empresas a buscar conformidade com o novo diploma legal.

2. Também nos últimos 5 anos, mesmo período de vida da Lei Brasileira Anticorrupção, observou-se no Brasil o crescimento do mercado de fusões e aquisições de empresas. Este crescimento se deu por alguns fatores além do movimento natural do mercado de fusões e aquisições de empresas no âmbito nacional, como, por exemplo a tendência de companhias estrangeiras de aproveitarem a desvalorização do preço de ativos nacionais para realizar investimentos no Brasil através de fusão e/ou aquisição de empresas brasileiras.
3. Tais empresas investidoras, para minimizar os riscos inerentes a operação, devem realizar as devidas diligências em momento anterior à efetivação do negócio, lhes permitindo saber com maior precisão o que realmente estão adquirindo e, em especial, quais os riscos que podem surgir se concretizada a operação. A importância da adoção de procedimento de *Due Diligence* de *Compliance* para fusão ou aquisição de empresas, especialmente se considerarmos a previsão de responsabilidade objetiva pela prática de atos ilícitos aplicáveis às empresas responsabilizadas em decorrência de sucessão empresarial, é inegável.
4. Sendo indiscutível a importância da *Due Diligence* de *Compliance* para averiguação dos riscos inerentes à operação, cabe ressaltar que sua eficácia para mitigação de riscos de *compliance* dependerá de como a Empresa Investidora

decidir tratar as informações angariadas na fase pré-operação.

5. Pela leitura dos artigos 4º e 7º da Lei Brasileira Anticorrupção e art. 42 do Decreto Regulamentador, sabemos que subsiste a responsabilidade da pessoa jurídica nas hipóteses de sucessão empresarial. Para determinação da penalidade aplicável à empresa sucessora em caso de violação à lei pela Empresa Alvo antes da realização da transação, será considerada a existência de mecanismos e procedimentos internos de integridade e, para a verificação da eficácia do programa de integridade, averiguar-se-á a realização de procedimento de *Due Diligence* de *Compliance* durante a operação de *M&A*.
6. Caso todos os passos acima mencionados sejam verificados, poderá a Empresa Sucessora ter eventual pena diminuída consideravelmente.
7. Concluímos então que *Due Diligence* de *Compliance* serve à Empresa Investidora para que esta tenha conhecimento de todos os riscos envolvidos na operação, podendo influenciar ainda na composição do preço, na determinação de garantias e na estipulação de cláusulas contratuais para responsabilização por eventuais problemas descobertos posteriormente. Sendo efetivada a operação, tem ainda o condão de diminuir eventual pena aplicada no âmbito da Lei Brasileira Anticorrupção, a depender da medida tomada pela Empresa Sucessora, ainda que subsista a responsabilidade objetiva da Empresa Sucessora pela prática de ilícitos pela Empresa Alvo antes da operação.

Referências

AGÊNCIA BRASIL. *Em 4 anos da Lei Anticorrupção, a União abre 183 processos e penaliza 30 empresas*. Janeiro de 2018. Disponível em http://agenciabrasil.ebc.com.br/geral/noticia/2018-01/em-4-anos-da-lei-anticorrupcao-uniao-abre-183-processos-e-penaliza-30-empresas. Acesso em 18.08.2018.

AYRES, Carlos Henrique da Silva. *Temas de Anticorrupção e Compliance*. Elsevier Editora. São Paulo, 2013, p. 215.

BARRETO, Carolina Menezes. *O STJ e a teoria do risco integral na responsabilidade civil por dano ambiental*. Disponível em http://www.conteudojuridico.com.br/artigo,o-stj-e-a-teoria-do-risco-integral-na-responsabilidade-civil--por-dano-ambiental,51705.html. Acesso em 01.09.2018.

BASTOS, Márcio Thomaz. *Um Modelo de Política de Combate à Corrupção*. Revista do Advogado, Ano XXXIV, n. 125. São Paulo, 2014, p. 69.

CARVALHOSA, Modesto. *Considerações Sobre a Lei Anticorrupção das Pessoas Jurídicas*. Editora Revista dos Tribunais. São Paulo, 2015, p. 31.

EL PAIS. *O Brasil em Liquidação*. El Pais, 21.01.2016. Disponível em https://brasil.elpais.com/brasil/2016/01/20/economia/1453326792_762071.html. Acesso em 01.03.2018.

FOLHA DE SÃO PAULO. *Operações de fusões e aquisições no Brasil bateram recorde histórico em 2017. 20 de janeiro de 2018*. Disponível em https://www1.folha.uol.com.br/mercado/2018/01/1951957-operacoes-de-fusoes-e-aquisicoes-no-brasil-bateram-recorde-em-2017.shtml. Acesso em 22.08.18.

FREITAS, Arystóbulo de Oliveira e ALVES, Joyce Ruiz Rodrigues. *Hipóteses de responsabilidade solidária e decorrentes de sucessão empresarial na Lei da Empresa Limpa e impactos nas operações societárias*. Revista do Advogado, Ano XXXIV. São Paulo, 2014, p. 33.

FREITAS, Pedro Aguiar. *A Lei Anticorrupção e as empresas: compliance e modulação de sanções*. Revista do Advogado, Ano XXXIV. São Paulo, 2014, p. 97.

GIOVANINI, Wagner. *Compliance: A Excelência na Prática*, 1ª Edição. LEC. São Paulo, 2014, p. 20.

IOKOI. Pedro Ivo Gricoli. *O novo modelo de combate à corrupção*. Revista do Advogado, ano XXXIV. São Paulo, 2014, p. 118.

LISBOA, Roberto Senise. *Manual de direito civil*, v. 2. *Direito das obrigações e responsabilidade civil*, 7ª Edição. Editora Saraiva. São Paulo, 2013, p. 263

NERY JUNIOR, Nelson e Rosa Maria de Andrade Nery. *Código Civil Comentado*, 12ª Edição. Editora Revista dos Tribunais. São Paulo, 2017, p. 1403.

PWC. *Fusões e Aquisições no Brasil* – Dezembro 2017. Disponível em https://www.pwc.com.br/pt/estudos/servicos/assessoria-tributaria-societaria/fusoes-aquisicoes/2017/pwc-fusoes-aquisicoes-dezembro-2017.html. Acessado em 19.02.2018

PORTINARI, Natália. *PIB per capita do Brasil subiria 30% sem corrupção, diz estudo do FMI*. Folha de São Paulo. São Paulo, 2017. Disponível em https://

www1.folha.uol.com.br/mercado/2017/10/1926931-pib-per-capita-do--brasil-subiria-30-sem-corrupcao-diz-estudo-do-fmi.shtml. Acessado em 13.05.2018.

PORTAL G1. *Lava Jato levou empresas a vendar mais de R$100 bilhões de ativos desde 2015*, 13 de outubro de 2017. Disponível em https://g1.globo.com/economia/negocios/noticia/lava-jato-levou-empresas-a-vender-mais--de-r-100-bilhoes-em-ativos-desde-2015.ghtml. Acesso em 22.08.2018.

ROSSETTI, Maristela Sabbag Abla. *Sucessão Empresarial: declarações e garantias – o papel da Legal Due Diligence*. Ed. Quartier Latin. São Paulo, 2005, p. 102-103.

SERRANO, Pedro Estevam Alves Pinto. *A responsabilidade objetiva da Lei Anticorrupção*. Revista do Advogado, ano XXXIV, nº 125. São Paulo, 2013, p. 109.

TRANSPARÊNCIA INTERNACIONAL. *Índice de Percepção de Corrupção 2017*. Disponível em https://transparenciainternacional.org.br/home/indice. Acesso em 02.06.2018.

O Dever de Informar (*Disclosure*) e a Necessidade de Simplificação na Prestação de Informações ao Mercado por Companhias de Capital Aberto

Felipe Fieri Silva

Introdução

Diante da forte crise enfrentada no país e especialmente a partir dos escândalos envolvendo direta ou indiretamente empresas privadas, tanto no Brasil quanto no exterior, a demanda do mercado por *compliance* e transparência na divulgação de informações das empresas aumentou consideravelmente nos últimos anos e, consequentemente, a regulação do mercado de valores mobiliários, especialmente na figura de sua principal entidade reguladora, qual seja, a Comissão de Valores Mobiliários (CVM), também passou a ter um papel ainda mais efetivo de normatização e fiscalização do mercado, especialmente junto a companhias de capital aberto, em razão da possibilidade de captação pública de recursos decorrente da negociação de seus valores mobiliários.

O crescimento da demanda por informação se relaciona intimamente ao grau de desconfiança do mercado que, consequentemente, acaba por exigir um maior controle e acesso a dados das empresas, para que investidores e demais agentes de mercado se resguardem e possam realizar suas transações com maior segurança. Diante de sua demanda, a regulação por parte da CVM também passa se intensificar de forma considerável.

Ocorre que, com a intensa regulação do mercado, especialmente no que diz respeito à demanda por informação, tornou-se necessária uma análise acerca de um possível excesso de controle imposto por parte de órgãos reguladores sobre empresas de capital aberto, considerando a quantidade cada vez maior de documentos, formulários, entre outras informações que, por vezes, acabam sendo redundantes e repetitivas, prejudicando o próprio princípio da transparência e do *disclosure*, diante da possibilidade de informações relevantes se perderem em meio ao excesso de dados disponibilizados, bem como da possibilidade de se induzir o mercado a erro, diante da ampla diversidade de fontes que, muitas vezes acabam por trazer as mesmas informações, porém com datas de referência distintas, gerando confusão aos investidores que, inclusive, por vezes sequer consultam os dados disponibilizados ou, até mesmo, não possuem condições técnicas para a avaliação dos mesmos para a tomada de decisão quanto aos seus investimentos no mercado.

Ademais, especialmente com o advento da forte crise enfrentada no Brasil nos últimos anos, as empresas passaram a buscar alternativas para redução de custos, inclusive, com a redução considerável de seu quadro de empregados e, ainda assim, ao invés de alocar força total em projetos operacionais e estratégicos, a fim de gerar maior valor ao negócio, precisam comprometer parte de suas equipes para que possam atender à constante demanda por informação imposta por órgãos reguladores do mercado, vez que o não atendimento dos prazos e instruções normativas de tais órgãos pode, inclusive, gerar responsabilização de seus administradores e sanções consideráveis à própria Companhia.

Diante de tais questionamentos a partir do presente trabalho, faremos uma análise acerca das vantagens e desvantagens do *disclosure* tanto para as empresas quanto para os investidores e demais agentes de mercado, considerando a doutrina brasileira e americana, diante da forte influência da legislação norte americana, na figura da *U.S. Securities and Exchange Commission* (*SEC*), no mercado de valores mobiliários brasileiro.

A fim de ilustrar algumas análises no cenário nacional, serão apresentados exemplos práticos de excessos na demanda por informação por parte da CVM, e, ao final, serão apresentadas alternativas em busca de uma regulação mais eficaz e menos centralizadora para o mercado de valores mobiliários brasileiro, inclusive considerando aspectos de autorregulação e de práticas de divulgação voluntária de informação.

O presente trabalho apresentará um panorama geral acerca do escopo de atuação da CVM, suas atribuições e competências voltadas tanto à normatização quanto à prevenção e fiscalização do mercado e abordará brevemente sobre o dever de informar dos administradores, previsto na legislação societária brasileira. Neste contexto, passará a tratar da obrigação da divulgação de informações e da importação do modelo de *disclosure* do mercado norte americano, apresentando questionamentos acerca da eficácia desta obrigatoriedade e do alcance destas informações no mercado.

Por fim, serão enfatizadas redundâncias apresentadas em alguns dos principais documentos requeridos pela CVM e será dado destaque a um interessante projeto de simplificação e modernização no processo de *disclosure* no mercado brasileiro, coordenado pela Associação Brasileira de Empresas de Capital Aberto (ABRASCA), em parceria com o Comitê de Pronunciamentos Contábeis (CPC), a CVM e a Brasil, Bolsa, Balcão (B3).

Diante da problemática apresentada, a partir da metodologia e da estrutura do trabalho acima apresentados, buscaremos, por meio de questionamentos acerca da eficácia da política de *disclosure* adotada atualmente no Brasil, analisar se a ampla demanda por informações por parte da CVM realmente traz apenas benefícios para o mercado e para as empresas ou se acaba por gerar redundâncias, retrabalhos e perda de informações relevantes em meio à tamanha quantidade de dados disponibilizados, sendo muitos desses possivelmente irrelevantes para a tomada de decisão do investidor.

1. A Comissão de Valores Mobiliários

A CVM é uma entidade autárquica em regime especial, criada em 07/12/1976 pela Lei 6.385/76, com personalidade jurídica e patrimônio próprios, vinculada ao Ministério da Fazenda, mas com autonomia financeira e orçamentária, tendo entre suas principais finalidades disciplinar, fiscalizar, normatizar e desenvolver o mercado de valores mobiliários brasileiro, a partir de sua autoridade administrativa independente, sem vínculo de subordinação hierárquico, mandato fixo e estabilidade de seus dirigentes.[1]

Dentre as competências da CVM, em linha com o principal enfoque a ser dado pelo presente trabalho, podemos destacar duas delas, que serão melhor exploradas no curso dos próximos capítulos, quais sejam: (i) assegurar o acesso do público a informações sobre os valores mobiliários negociados e as companhias que os tenham emitidos; e (ii) proteger os titulares de valores mobiliários e os investidores do mercado contra emissões irregulares e atos ilegais de administradores e acionistas das companhias abertas, bem como contra o uso de informação relevante não divulgada no mercado.[2]

[1] BRASIL. Comissão de Valores Mobiliários. Sobre a CVM. Disponível em: <http://www.cvm.gov.br/menu/acesso_informacao/institucional/sobre/cvm.html>. Acesso em. 23 ago. 2018.

[2] COMISSÃO DE VALORES MOBILIÁRIOS. **O Mercado de Valores Mobiliários Brasileiro.** 3. ed. Rio de Janeiro: Comissão de Valores Mobiliários, 2014. p. 60 et seq.

Quanto a suas atribuições, a CVM possui papel fundamental na manutenção e desenvolvimento do mercado de valores mobiliários brasileiro cabendo a ela a fiscalização das companhias abertas e demais atividades e serviços do mercado de valores mobiliários e a apuração de atos ilegais e práticas não equitativas de administradores de companhias abertas e de quaisquer participantes do mercado, aplicando as penalidades previstas em lei, mediante inquérito administrativo que, nos termos do artigo 11 da Lei 6.385/76, podem ser quaisquer das seguintes modalidades: (i) advertência, (ii) multa, (iii) suspensão ou inabilitação para o exercício do cargo e (iv) suspensão ou cassação da autorização ou do registro, além da (v) proibição temporária por prazo determinado, não só para a prática de atividades ou operações por parte dos integrantes do sistema de distribuição, como também para atuar como investidor, direta e indiretamente no mercado.[3]

Dentre as sanções administrativas aplicadas pela CVM, a título exemplificativo, a não apresentação de informações periódicas previstas na ICVM 480/09 sujeitará a empresa à multa cominatória diária, segundo os valores relacionados em seu artigo 58, sem prejuízo da apuração de responsabilidade dos administradores pelo não cumprimento dos prazos, conforme artigos 9º, inciso "v" e 11 da Lei 6.385/76.

Apesar de possuir um importante papel de fiscalizadora no mercado, a participação da CVM no processo de regulação já se inicia na fase preventiva, sendo ela responsável pela normatização, assessorada pelos próprios agentes do mercado, os quais se manifestam e participam ativamente da elaboração de suas normas e regulamentações, especialmente por meio de audiências públicas, sempre norteadas por fundamentos e princípios da própria CVM e do mercado de valores mobiliários.

[3] Ibidem, p. 61.

A participação dos agentes do mercado e da sociedade de uma maneira geral nas discussões e elaboração da normatização é indispensável à eficiência do processo normativo, pois é a partir dessa participação ativa que se permite não só a elaboração de documentos alinhados com a realidade do mercado, como também o estímulo e comprometimento dos entes regulados com a própria regulação, considerando que eles se tornam, além de cumpridores das normas, autores das mesmas.

2. A Regulação e Autorregulação do Mercado

A CVM, por meio de uma atuação equilibrada entre a regulação e a autorregulação busca um mercado confiável, eficiente, livre, competitivo e com abundância de informação de qualidade e, para que tais objetivos sejam alcançados, não se pode vislumbrar uma atuação integralmente autorreguladora, ou seja, há a necessidade de certa regulação da CVM a fim de proteger e harmonizar os interesses daqueles que transacionam no mercado de valores mobiliários, não sendo prudente a manutenção de um mercado totalmente livre, sem qualquer regulação.

Neste contexto, importante destacar o breve entendimento apresentado pelo doutrinador Nelson Eizirik, acerca da atividade de regulação: "A regulação de determinada atividade importa o estabelecimento de limites à atuação dos agentes econômicos, que inexistem quando o mercado é inteiramente livre"[4].

A atuação regulatória da CVM, exercida especialmente a partir da aplicação de normas, fiscalização e controle do mercado de valores mobiliários, para que seja coerente com as expectativas da sociedade, deve se fundamentar em premissas

[4] Eizirik, Nelson; Gaal, Ariádna B.; Parente, Flávia; Henriques, Marcus de Freitas. **Mercado de capitais: regime jurídico.** 3. ed. rev. e ampl. Rio de Janeiro: Renovar, 2011. p. 15.

voltadas para o interesse público, a confiabilidade, a eficiência do mercado, a competitividade e o mercado livre.[5]

Por outro lado, para que sua atuação regulatória não seja impositiva, centralizada e excessiva e, consequentemente, se torne mais eficiente, a CVM também adota um mecanismo de autorregulação eficaz para determinadas iniciativas junto ao mercado de valores mobiliários, baseado em pressupostos básicos:

> (i) a ação eficaz do órgão regulador implica em custos excessivamente altos quando se busca aumentar a eficiência e abrangência dessa ação; (ii) a entidade autorreguladora, pela proximidade das atividades do mercado e melhor conhecimento das mesmas, dispõe de maior sensibilidade para avaliá-las e normatizá-las; e (iii) a elaboração e o estabelecimento, pela própria comunidade, das normas que disciplinam suas atividades fazem com que a aceitação dessas normas aumente e a comunidade se sinta mais responsável no seu cumprimento, diminuindo a necessidade de intervenção do órgão regulador[6].

Neste mesmo sentido recentemente o atual presidente da CVM, Marcelo Santos Barbosa, se posicionou favoravelmente ao fortalecimento da prática da autorregulação no mercado de valores mobiliários brasileiro:

> A ideia da autorregulação no atual mercado de capitais parte de duas premissas importantes. Em primeiro lugar, que a capacidade do regulador de exercer supervisão sobre o mercado é limitada. Os recursos humanos e tecnológicos disponíveis se revelam insuficientes para garantir uma supervisão apta a acompanhar o ritmo de expansão do mercado, ainda mais quando seus agentes

[5] COMISSÃO DE VALORES MOBILIÁRIOS, op. cit., p. 64 et seq.

[6] Ibidem, p. 65.

> se mostram mais preparados para se beneficiar rapidamente da inovação. Com o apoio da autorregulação, somam-se esforços e aumenta a eficácia da supervisão.
>
> A segunda premissa é que regulador e entidades autorreguladoras compartilham um objetivo comum: o crescimento e a solidificação do mercado. O regulador tem por mandato legal a atuação na realização da importante política pública de captação de poupança para aplicação no mercado de capitais, sendo necessário para tanto assegurar a existência de regras e mecanismos de transparência e proteção de investidores. O autorregulador, por sua vez, é formado por agentes do mercado, e tem inegável interesse em sua higidez.
>
> No âmbito do mercado de capitais, a atividade de autorregulação torna mais concretos os objetivos da própria regulação: preservar a integridade do mercado, reduzir o risco sistêmico e assegurar um regime adequado de proteção ao investidor.[7]

Inquestionável que o envolvimento da sociedade, especialmente dos agentes do mercado, na elaboração das normas da CVM, gera benefícios sob diversos aspectos, possibilitando a aproximação da autarquia com a realidade do mercado e a elaboração de normas mais atuais que atendam ao atual cenário e, indiretamente, gerando uma maior aderência e respeito dos destinatários das normas, considerando que participaram das discussões e do processo de elaboração destas normas, gerando consciência da importância da preservação das normas e, consequentemente, proporcionando uma economia considerável de recursos e de tempo da CVM para o acompanhamento e fisca-

[7] BARBOSA, Marcelo Santos. **A autorregulação no mercado de capitais.** Valor Econômico. 27 nov. 2018. Disponível em: <https://www.valor.com.br/financas/6000645/autorregulacao-no-mercado-de-capitais> Acesso em: 17 mar. 2019.

lização no que diz respeito à observância da legislação, considerando que o próprio mercado se autorregularia.

3. O Dever de Informar dos Administradores

Conforme preceitua o artigo 157 da Lei 6.404/76, os diretores e membros do Conselho de Administração de uma companhia de capital aberto, possuem o dever de informar (*disclosure*), tanto com relação à empresa e seus acionistas, quanto com relação ao mercado e investidores em geral, quando tais informações possam influenciar o mercado de capitais, conforme disposto no parágrafo 4º do artigo ora tratado.

No que tange ao dever de informar ao mercado, a lei preceitua que o administrador de companhia de capital aberto deve comunicar imediatamente a B3 e, quando aplicável, à CVM, qualquer deliberação dos acionistas da companhia ou de seus próprios órgãos de administração e qualquer fato relevante ocorrido nos negócios da companhia (informações eventuais), que possam impactar de modo considerável a decisão de investidores de negociar os valores mobiliários por ela emitidos, sem prejuízo de demais informações periódicas, que são requisitadas pela CVM e B3, cuja divulgação é recorrente e obrigatória, as quais serão melhor tratadas no Capítulo 5 deste trabalho.

O dever de informar dos administradores, que possui íntima relação com o princípio do *full disclosure* norte americano, decorre do próprio direito à informação dos acionistas para que possam fiscalizar a gestão da companhia na qual investem seu capital, bem como do direito dos investidores e demais agentes de mercado a obterem informações necessárias para a tomada de decisão de investimento no mercado de valores mobiliários com a devida segurança, conforme preceitua Nelson Eizirik, reforçando que "o princípio do *disclosure* baseia-se na presunção de que uma vez adequadamente provido das informações relevantes sobre a companhia e sobre os títulos emitidos, o investidor tem condições de avaliar o mérito do empreendimento e a qualidade dos papéis."[8].

Pode-se afirmar que um dos objetivos centrais da CVM, enquanto órgão regulador do mercado, é dar proteção ao investidor, criando mecanismos e obrigações para que as empresas e demais agentes de mercado, prestem as informações necessárias a respeito de seu negócio para que o investidor se sinta seguro para se decidir quanto ao investimento em seus valores mobiliários.

Além do próprio artigo 157 da Lei 6.404/76 citado acima, outros dispositivos legais como os artigos 4°, VI; 8°, III; 19; 20 e 22, parágrafo 1° da Lei 6.385/16, conferem à CVM o poder de normatizar e fiscalizar a divulgação dessas informações ao mercado de valores mobiliários. Nesse sentido, diversas Instruções CVM, como a ICVM 358/02 e a ICVM 480/09, estabelecem a periodicidade, padrão e conteúdo mínimo que deve ser apresentado pelas empresas e demais agentes do mercado aos investidores e aos próprios acionistas dessas empresas.

4. A Divulgação de Informações e a Importação do Modelo Norte Americano do *Full Disclosure*

Antes de passarmos a tratar da política do *disclosure* obrigatório por parte das empresas e agentes de mercado, importante esclarecer de onde surgiu tal conceito no modelo regulatório do mercado de valores mobiliários brasileiro.

Fazendo uma breve digressão histórica, nota-se claramente a inspiração no modelo jurídico regulatório norte americano, implementado junto à *U.S. Securities and Exchange Commission (SEC)*. Notadamente, no que diz respeito à obrigatoriedade de divulgação de informações, observa-se a importação da política

[8] EIZIRIK, Nelson; GAAL, Ariádna B.; PARENTE, Flávia; HENRIQUES, Marcus de Freitas. **Mercado de capitais: regime jurídico.** 3. ed. rev. e ampl. Rio de Janeiro: Renovar, 2011. p. 480.

do *disclosure* ou *full disclosure*, como sendo um dos pilares da regulamentação norte americana e, naturalmente, da própria CVM.

Nos Estados Unidos, a política de *disclosure* encontra forte previsão legal, tanto no *Securities Act of 1933*, quanto no *Securities Exchange Act of 1934* e, na legislação brasileira, além de encontrar dispositivos legais junto à Lei 6.404/76, como já exposto no capítulo anterior, a política de *disclosure* encontra previsão também, entre outros dispositivos, no artigo 4º, VI e no artigo 22, §1º, da Lei 6.385/76, que, respectivamente, concedem autoridade à CVM para assegurar o acesso do mercado a informações sobre os valores mobiliários negociados, bem como para expedir normas sobre as informações e periodicidade das divulgações que as companhias devem realizar, sendo que, a partir desta última previsão legal, surge uma série de Instruções elaboradas pela CVM que estabelecem regras de divulgação de informações, entre elas as ICVM 358/02, 480/09 e 586/17 que serão melhor analisadas no Capítulo 5 deste trabalho.

A política do *disclosure* consiste em uma das principais bases da regulação do mercado de valores mobiliários e, neste sentido, Nelson Eizirik ensina que "a política de *disclosure* consiste no processo de divulgação pelas empresas de informações amplas e completas a respeito delas próprias e dos valores mobiliários por elas publicamente ofertados, de forma equitativa para todo o mercado."[9].

Ainda, Marcelo Trindade convalida a relevância da prestação de informações na regulação do mercado de valores mobiliários, ao afirmar que "a informação é o principal bem jurídico tutelado pela intervenção no mercado de capitais"[10].

[9] EIZIRIK, Nelson Laks; IBMEC. **O papel do Estado na regulação do mercado de capitais.** Rio de Janeiro: Ibmec – SP, 1977. p. 6.

[10] TRINDADE, Marcelo. **O Papel da CVM e o mercado de capitais no Brasil** in SADDI, Jairo, **Fusões e Aquisições: aspectos jurídicos e econômicos**, IOB, São Paulo, 2002. p. 309.

No que diz respeito à proteção dos investidores proporcionada pela regulação do mercado quanto à disponibilização de informações das empresas, podemos distingui-las em duas frentes, de um lado o *disclosure* protege o investidor ao permitir que a sua tomada de decisão quanto ao investimento que pretende realizar em determinados valores mobiliários, seja racional e embasada, cabendo ao órgão regulador apenas a coerção e o monitoramento das empresas para que estas disponibilizem informações confiáveis ao mercado e sem que haja intervenção direta nos negócios privados.

Outra frente de proteção dos investidores que podemos mencionar é a da equalização de informações no mercado, mitigando práticas de *insider trading*, consistente na utilização de informações privilegiadas para a celebração de negócios junto ao mercado, tornando-o mais justo e equitativo quanto ao acesso a informações.

Mas pode-se dizer que a política do *disclosure* visa não apenas a proteção dos investidores e do mercado, mas também a proteção das próprias empresas que disponibilizam tais informações, como bem destacado pelo doutrinador Julio Ramalho Dubeux, acerca da política do *disclosure:*

> (...) também protege as empresas honestas, isto é, as que fornecem informação fidedigna aos investidores quando pretendem captar recursos junto ao mercado. A prestação de informações falsas implica violação do dever do disclosure, suscitando a atuação repressiva da entidade reguladora. Neste sentido a política elimina em grande medida a competição desleal que poderia acontecer, caso as empresas pudessem livremente se valer de informações inverídicas para atrair investimentos.[11]

[11] DUBEUX, Julio Ramalho. **A comissão de valores mobiliários e os principais instrumentos regulatórios do mercado de capitais brasileiros.** Porto Alegre: Sergio Antonio Fabris Ed., 2006. p. 48.

Apesar dos amplos benefícios proporcionados pela regulação da divulgação de informações, tratada neste trabalho como a própria política de *disclosure*, se faz necessário ressalvar que a atuação do órgão regulador não deve ser ilimitada, ou seja, não cabe a ele exigir toda e qualquer informação às empresas, considerando que a informação objeto da política do *disclosure*, deve ser apenas aquela essencial para a tomada de decisão dos investidores quanto ao investimento em valores mobiliários e/ou para votar ou fazer-se representar em assembleias de companhias de capital aberto em que possuam investimento.

Ademais a CVM ainda deve ter a sensibilidade para considerar o equilíbrio entre os benefícios e onerações gerados às companhias e investidores quanto à prestação e obtenção de informações, considerando que a disponibilização de informações por parte das empresas enseja a alocação de equipes internas em frentes de trabalho para atender às exigências do órgão regulador e, consequentemente, retirando-as de suas atividades relacionadas à implementação de projetos, desenvolvimento e aprimoramento de novas práticas de gestão e operação dos negócios, atividades que efetivamente poderiam reverter em maior lucratividade para a empresa.

4.1. Questionamentos Acerca da Eficácia do Disclosure

Como observado no início deste Capítulo, restam claros os benefícios proporcionados pela política do *disclosure*, sendo um dos alicerces da regulação norte americana e brasileira relacionada ao mercado de valores mobiliários. Ocorre que mesmo diante da consolidação desta prática de divulgação de informações, ainda restam questionamentos acerca do real benefício proporcionado ao investidor e à própria empresa responsável pela divulgação de informações, inclusive na própria doutrina norte americana.

Em linhas gerais, pode-se dizer que os questionamentos mais encontrados giram em torno do equilíbrio entre a obrigatoriedade imposta pelos órgãos reguladores, considerando custos e benefícios proporcionados às empresas e investidores, e a necessidade de se restringir a demanda por informações apenas ao que for estritamente necessário e benéfico para tomada de decisões no mercado.

Neste sentido, há doutrina norte americana que defende que "o custo para a sociedade da adoção da divulgação de informações obrigatórias pelo governo excede os seus benefícios"[12].

No Brasil, temos doutrinadores como Hélio O. de Castro que entendem que o excesso de controle e de demanda por informação pode, inclusive, causar uma retração no mercado de valores mobiliários, uma vez que pode inibir emissões de ações frente à forte regulação, aos prazos e aos custos envolvidos com o cumprimento dos requisitos apresentados pelos órgãos reguladores:

> O problema de otimização é, portanto, o de atingir um montante ótimo de informação, minimizando-o. Este custo pode ser importante e estar relacionado à interpretação dos testes estatísticos de Stigler de que a atuação da SEC inibiu novas emissões de ações. Enumerando as razões capazes de causar a relutância das empresas em captarem recursos no mercado de ações, Baumol menciona os custos de transação impostos pelas regulamentações da SEC.[13]

O autor ainda entende que, além do longo intervalo de tempo para a tomada de decisão acerca da emissão de ações, em decorrência do longo período necessário para preencher os

[12] Benston. ***Required Disclosure and the Stock Market: An Evaluation of the Securities Exchange Act of 1934***, *American Economic Review*, n.1. p.132.

[13] Castro, Hélio O. Portocarrero de; Eizirik, Nelson Laks; IBMEC. **Regulação e controle do mercado de capitais : (o papel da SEC na experiência norte-americana).** Rio de Janeiro: Ibmec – SP, 1974. p.82.

requisitos dos órgãos reguladores, há despesas necessárias para providenciar as informações requisitadas, sem falar que os atrasos causados pelos requisitos da SEC e CVM podem também causar incertezas quanto ao que se pode esperar do mercado.

Além dos impactos gerados às companhias, questiona-se também até que ponto as informações disponibilizadas efetivamente preparam os investidores para a tomada de decisão no mercado. Considerando a enorme quantidade de informações, bem como o nível de complexidade técnica em seu conteúdo, questiona-se se realmente o investidor em geral teria capacidade técnica necessária para interpretá-las, ou seja, deve-se avaliar se as informações exigidas pelos órgãos reguladores estão em linha com a capacidade de interpretação técnica do investidor médio, ao ponto de realmente beneficiá-lo, gerando a desejada segurança para a tomada de decisão.

Seguindo o mesmo racional quanto ao potencial de atingimento dos investidores médios acerca das informações disponibilizadas pelas empresas, Douglas O. William se manifestou da seguinte forma:

> Aqueles que precisam de orientação para fazer investimentos receberão pouco conforto com balanços, contratos e demais informações reveladas quando do registro de lançamento de títulos. Eles irão ou carecer de inteligência ou treinamento para assimilá-los ou julgá-los úteis, ou então estão tão preocupados em obter lucro com o investimento que irão julgá-los irrelevantes.[14]

Neste mesmo sentido, quanto à real efetividade da divulgação de informações aos investidores, Homer Kripke também parte da ideia de que a maioria dos investidores não consulta as informações que constam dos documentos registrados na SEC e que a maior parte das informações, quando são divul-

[14] DOUGLAS, William. ***Protecting the Investor***. *23 Yale Review, 521 (1934)*

gadas por meio do órgão regulador já estão defasadas, em nada contribuindo para a tomada de decisão de investimento. Pelo contrário, pode até mesmo gerar confusão para a decisão, considerando a possibilidade de defasagem de dados.[15]

Ademais, há ainda a percepção de parte do mercado no sentido de que a enorme quantidade de informação demandada pelo órgão regulador pode vir a causar efeito reverso nos investidores, vez que, o excesso pode causar dúvidas, especialmente considerando a diversidade de documentos e formulários requisitados para as empresas. Ou seja, além de poder causar dificuldades aos investidores quanto ao documento correto a ser consultado para a obtenção de determinadas informações, ainda poderá gerar conflitos entre as informações disponibilizadas neste documentos, que por vezes são redundantes e que poderiam induzir as empresas a erro, gerando, inclusive, sanções por parte do órgão regulador, por supostas informações enganosas e indução do mercado a erro.

Ocorre que, realmente informações diferentes podem ter sido disponibilizadas de má-fé pela empresa, o que ensejaria a devida sanção por parte do órgão regulador, mas também, em razão da grande quantidade de informações solicitadas e dos diferentes formatos e datas de referência desses documentos, empresas honestas e de boa-fé poderiam também ser induzidas, inconscientemente, a erro no preenchimento de tantos documentos requisitados.

Enquanto a maior parte da doutrina entende que tornando os fatos disponíveis para todos os investidores, evita-se uma desproporção inicial de vantagens, outra parte alega que não há razão para proteger o investidor a este ponto e que só deviam ser disponíveis as proteções previstas pela lei civil e penal, ou

[15] KRIPKE, Homer. ***The SEC and Corporate Disclosure: Regulation in Search of a Purpose.*** *Harcourt Brace Jovanovich, New York,* 1979.

seja, defendendo, em outras palavras, que não há que se falar em regulação adicional sobre as regras de *disclosure*, vez que não se deve regular a moralidade das empresas na prestação de suas informações.[16]

A despeito dos questionamentos apresentados acima, a demanda por informação, tanto pela SEC quanto pela CVM, vêm crescendo substancialmente, especialmente considerando os recentes casos de corrupção e desvios envolvendo empresas privadas de capital aberto.

Atualmente a política do *disclosure* regulada fortemente pelo Estado segue consolidada, tanto nos Estados Unidos quanto no Brasil, como sendo uma ferramenta fundamental do Estado junto ao mercado de valores mobiliários, conforme observado por Luis Gastão Paes de Barros Leães, "o *disclosure*, ou o processo de fornecimento de informações, constitui, assim, o instrumento-chave para polícia do mercado de valores na América e a pedra central da legislação federal correspondente"[17].

Apesar das críticas apresentadas acerca do *disclosure*, estas ainda não têm sido consideradas suficientes ao ponto de desbancar o controle dos órgãos reguladores, a obrigatoriedade da disponibilização de informações e, até mesmo, o prestigio institucional do *disclosure* perante o mercado em geral.

Neste sentido, a fim de ilustrar a contrapartida auferida pelas empresas acerca dos custos decorrentes da divulgação, Julio Ramalho Dubeux preceitua que:

> Embora implique gastos para as companhias, o *disclosure* não lhes traz ônus inconsequente, sobretudo às companhias de grande porte e sadiamente administradas. A submissão ao *disclosure* é o que acaba por lhes permitir ter acesso ao mercado de capitais,

[16] Castro, op. cit., p. 83.

[17] Leães, Luis Gastão Paes de Barros. **Mercado de Capitais e *insider trading*.** São Paulo: Revista dos Tribunais, 1982. p. 104.

onde o custo de captação de recursos pode ser menor do que no mercado bancário.[18]

De qualquer forma, considerando a crescente demanda por informação acima mencionada, as entidades reguladoras vêm buscando aprimorar seus documentos e formulários por meio dos quais obrigam as empresas e demais agentes do mercado a apresentarem suas informações, bem como vêm tentando refinar o processo de requisição de informações, visando a sua eficiência e a redução de burocracias para que as informações disponibilizadas sejam realmente úteis aos investidores a partir de uma melhor compreensão de seu conteúdo.

4.2. O Equilíbrio na Divulgação de Informações

Diante dos questionamentos enfrentados atualmente sobre a política do *disclosure* especialmente com relação à excessiva demanda por informação imposta pelos órgãos reguladores, a ideia da necessidade de revisão dos procedimentos adotados está se fortalecendo cada vez mais no mercado.

Como bem concluído por Renata Santiago Orphão, um dos principais objetivos do *disclosure* por parte das empresas de capital aberto é permitir que os investidores possuam todos os dados necessários para que decidam se desejam comprar, manter, vender ou exercer direitos em relação aos valores mobiliários das empresas disponíveis no mercado. O nível adequado de informações, é aquele que permita ao investidor médio conhecer a companhia e o risco do investimento.[19]

Desta forma cabe ao órgão regulador, exigir apenas a divulgação de informações necessárias para o atingimento desse

[18] Dubeux, op. cit., p. 50.

[19] Orphão, Renata Santiago. **Direito e transparência na divulgação de informações:** a regulamentação brasileira versus a americana (Lei Sarbanes-Oxley). São Paulo: Textonovo, 2003. p. 149 et seq.

objetivo que, se extrapolado, provavelmente gerará custos maiores do que benefícios auferidos na divulgação.

Se faz necessário encontrar um ponto de equilíbrio tanto entre a obrigatoriedade e a voluntariedade na divulgação de informações, quanto com relação a quais informações devem ser efetivamente exigidas por parte dos órgãos reguladores, a fim de torná-las úteis e de fácil compreensão aos investidores e ao mercado em geral.

Neste sentido, a CVM não deve regular de maneira exaustiva o mercado sobre a divulgação de informações pelas companhias, mas sim apenas dar diretrizes acerca das informações necessárias para a interação sadia dos agentes no mercado de valores mobiliários.

Apesar do *disclosure* obrigatório já estar consolidado no mercado brasileiro e norte americano, deve competir às próprias empresas a percepção acerca dos benefícios proporcionados pela transparência na divulgação de seus dados no sentido de valorizar suas ações, captar novos investidores e mantê-los como acionistas, diminuindo, inclusive, o custo de captação junto ao mercado financeiro, sabidamente com taxas muito mais elevadas.

Por fim, apesar do necessário reequilíbrio relacionado à divulgação de informações das empresas, Renata Santiago Orphão entende que "A transparência na divulgação de informações e regras claras de governança corporativa, ainda que discutidas se devem ser adotadas voluntariamente ou por força de lei, colaboram para um melhor funcionamento do mercado de capitais."[20], tema que será melhor detalhado no item a seguir.

[20] Ibidem, p. 136.

4.3. Divulgação Obrigatória e Voluntária de Informações

Apesar do Brasil adotar a cultura da divulgação obrigatória de informações, importada do mercado Norte Americano, por meio da qual se observa a imposição de vasta e rígida normatização, com regulação e controle pormenorizado do mercado, acerca da observância do *disclosure* por parte das empresas, podemos encontrar em outros países, a valorização da divulgação voluntária de informações, ou seja, apesar de existir um órgão central harmonizando regras e princípios do mercado, a decisão final quanto à divulgação ou não de determinadas informações é das próprias empresas, restando poucas informações cuja divulgação é obrigatória , exigida pelo órgão regulador.

No Canadá, por exemplo, cada empresa avalia quais informações entende que precisam ser divulgadas, devendo apenas tornar públicos os motivos de seguir ou não determinado padrão de divulgação, ou seja, na prática da divulgação voluntária entende-se que as companhias serão punidas ou recompensadas pelo próprio mercado em virtude das práticas corporativas que adotarem, não cabendo ao Estado regular a divulgação de todas as informações de maneira ostensiva.

Importante frisar também que, até mesmo nos Estados Unidos, apesar de seu forte perfil regulador, a SEC se beneficia da ampla atividade de autorregulação exercida pela Autoridade Reguladora da Indústria Financeira (Finra).

Pode-se dizer que em mercados mais maduros é possível encontrar em maior número diversas espécies de entidades desempenhando iniciativas de autorregulação, desde bolsas de valores até associações de empresas e de investidores.

A divulgação voluntária de informações talvez seja uma alternativa a ser analisada no Brasil, especialmente considerando o ônus financeiro gerado às companhias em decorrência da obrigatoriedade das divulgações de uma série de informações ao mercado, muitas delas redundantes e desnecessárias para a apreciação do investidor.

Nesta linha, Renata Santiago Orphão entende que:

> Um sistema voluntário de divulgação de informações representa uma redução de custos para os envolvidos e transfere ao mercado a tarefa de acompanhar a relevância das informações divulgadas e recompensar – ou punir – as companhias em função do nível de informações divulgadas.[21]

Desta forma, importante considerar a possibilidade de implementação de um sistema que privilegie a divulgação voluntária de informações que não dependa exclusivamente do órgão regulador e, note que não se defende aqui a autorregulação plena do mercado, o que seria inviável, especialmente considerando (i) a atual realidade regulatória do mercado de valores mobiliários brasileiro, (ii) a falta de amadurecimento cultural de nossas empresas e do mercado brasileiro em geral que, infelizmente ainda possui agentes que atuam sem *compliance* e transparência, e (iii) a própria prática regulatória do mercado norte americano que acaba, direta ou indiretamente, ditando as regras do mercado mundial em decorrência da relevância das transações comerciais envolvidas.

Neste sentido, "regras básicas e obrigatórias de divulgação de informações devem ser efetivamente estabelecidas pela legislação, mas concomitantemente, as companhias devem ser estimuladas pelos órgãos reguladores a compreender o valor do sistema voluntário de divulgação de informações"[22].

De qualquer forma, certamente se faz válida a reflexão acerca da necessidade de desaceleração do controle e do intenso processo de normatização por parte da CVM, transferindo, de certa

[21] Ibidem, p. 150.

[22] Ibidem, p. 150.

maneira, a responsabilidade do controle e julgamento pela não divulgação de informações das empresas, aos próprios investidores e ao mercado em geral.

5. A Demanda da CVM por Informação

5.1. Informações Periódicas Eventuais (ICVM 358/02 e 480/09)

Antes de mais nada, importante destacar que o foco central do presente trabalho não diz respeito à divulgação de informações eventuais, como fatos relevante, comunicados ao mercado, avisos aos acionistas, entre outros, mas sim, àquelas informações de caráter periódico, que possuem divulgação preestabelecida e recorrente. De qualquer forma, importante distinguirmos tais espécies de informações requeridas pela CVM.

Dentre as inúmeras obrigações previstas nas Instruções da CVM, podemos encontrar a obrigação das companhias abertas registradas nas categorias A ou B da CVM de enviar a referido órgão, por meio de seu sistema "Empresas.Net", informações periódicas e eventuais, respeitando conteúdo, forma e prazos estabelecidos pela ICVM 480/09, conforme preceituado em seu Capítulo III ("Obrigações do Emissor" - artigos 13 e seguintes).

A ICVM 480/09 trata de uma série de documentos e dados cujo envio à CVM é obrigatório e periódico. São 14 incisos previstos em seu artigo 21, dos quais destacamos, o Formulário de Referência (FR), as Demonstrações Financeiras, o Formulário de Demonstrações Financeiras Padronizadas, o Formulário de Informações Trimestrais e o Informe sobre o Código Brasileiro de Governança Corporativa – Companhias Abertas (Informe).

Ademais, além da obrigatoriedade de disponibilização de informações periódicas, as empresas de capital aberto também devem disponibilizar informações eventuais, conforme disposto no artigo 30 da ICVM 480/09, para empresas registradas na categoria A, tratando de 36 tipos de informações e/ou documentos a serem disponibilizados e no artigo 31 para empresas registradas na categoria B, prevendo outros 24 procedimentos a serem respeitados.

Neste sentido, temos, ainda, a ICVM 358/02, que dispõe sobre outras informações eventuais obrigatórias, quais sejam, o Fato Relevante e o Comunicado ao Mercado, a ICVM 481/09, que trata das informações e procedimentos para votação a distância em assembleias de acionistas, e também a ICVM 586/17, que alterou a ICVM 480/09 e que regulamenta o Informe de Governança.

Conforme visto acima, resta evidente que é bastante grande a quantidade de exigências e regras relacionadas aos anseios da CVM por informação e, consequentemente, enseja grande dedicação e investimento de tempo e dinheiro por parte das empresas e demais agentes do mercado, no sentido de cumprir tais regras e atender aos prazos estabelecidos.

5.2. O Informe de Governança Corporativa (ICVM 586/17)

A fim de ilustrar a excessiva demanda da CVM por informação, trazemos aqui uma de suas recentes inovações normativas, qual seja a ICVM 586/17, por meio da qual tornou obrigatório o preenchimento de seu Anexo 29-A para empresas listadas na Categoria A, consistente no extenso formulário do Informe de Governança Corporativa.

Dotado de uma relação de 31 princípios de boas práticas de governança que se subdividem em 54 subitens alinhados ao Código Brasileiro de Governança Corporativa, seu preenchimento deve se dar pelo método "Pratique ou Explique", o qual foi discutido pelo grupo "GT Interagentes", composto por entidades e empresas atuantes no mercado de valores mobiliários.

A partir da observância do método do "Pratique ou Explique", independentemente do segmento de governança da B3 ao qual está enquadrada (ex. Novo Mercado, Nível II, Nível I, Nível Tradicional, etc), as empresas devem informar se praticam cada um dos princípios de boas práticas de governança e, caso não pratiquem ou pratiquem parcialmente, devem explicar o motivo do não atendimento, sendo que, para determinados princípios, mesmo atendendo à boa prática as empresas terão que explicar como se dá tal atendimento, como uma espécie de "Pratique e Explique".

Ocorre que, sem entrar no mérito dos inquestionáveis benefícios ao mercado proporcionados pela observância de boas práticas de governança, se faz necessário questionarmos a real necessidade do mercado de mais um extenso formulário para preenchimento e leitura, especialmente considerando a redundância de informações que já haviam sido divulgadas em outros documentos obrigatórios, impostos pela própria CVM, como por exemplo o Formulário de Referência e as Demonstrações Financeiras.

Visando exemplificar as redundâncias acima suscitadas, a partir de uma breve análise do Informe e do FR, podemos observar uma série de duplicidades de informações, que, além de gerar maior custo e burocratização de processos para as companhias de capital aberto em decorrência do retrabalho gerado na elaboração de respostas e levantamento de informações, tais redundâncias apresentadas nestes e em diversos outros documentos requisitados pela CVM, podem gerar confusão por parte dos investidores, que podem se ver perdidos em meio a tamanha quantidade de informações que, por vezes, sequer são essenciais para gerar a pretensa segurança para a tomada de decisão.

Neste sentido, a fim de seguirmos com a reflexão apresentada acerca das redundâncias entre o Informe e o FR, destacamos que, dentre os 31 princípios do Informe, ao menos 18 deles refletem informações já apresentadas nos itens do FR, lembrando que estes documentos possuem datas de referência distintas, podendo induzir o investidor, a empresa e demais agentes de mercado a erro, considerando a diversidade da data base das informações prestadas. Senão, vejamos alguns exemplos de referidas redundâncias:

Os princípios 04 (medidas de defesa contra dispersão acionária) e 05 (mudança de controle) do Informe, tratam de informações encontradas no item 15 do FR e, entre diversas outras redundâncias, citamos os princípios 10 (Conselho de Administração), 11 (cumulação de cargos do Diretor Presidente e Presidente do Conselho de Administração), 12 (avaliação do Conselho de Administração), 16 (Regimento Interno do Conselho de Administração) e 18 (Regimento Interno da Diretoria) do Informe, que encontram relação direta com as informações já apresentadas no item 12 e seus subitens do FR.

Nos resta questionar se realmente é necessário o preenchimento de novo documento obrigatório, imposto pelo órgão regulador brasileiro, ou se, ao menos, não poderiam ser revistos e aprimorados os documentos já existentes e, eventualmente, consolidadas as demandas por essas informações em um único documento.

Inclusive, como resultado do primeiro ano de implementação do Informe (2018), pôde-se observar uma série de justificativas evasivas e rasas por parte de diversas empresas, talvez em decorrência do próprio receio de estarem expondo "fragilidades" de governança ou, até mesmo, a fim de evitar possíveis falhas de alinhamento de informações entre o Informe e outros documentos já divulgados ao mercado por essas empresas em outras oportunidades e com data base distintas, acabando por simplesmente referenciar itens desses outros documentos no próprio Informe.

6. O Projeto "Abertas + Simples"

Diante do conteúdo até então apresentado no presente trabalho, importante ressaltar que a CVM e a B3 não se eximiram de buscar soluções ou ao menos melhorias no exercício de suas funções, especialmente no que diz respeito à demanda por informação (*disclosure*).

Visando reforçar a atualidade do tema abordado, bem como exaltar a atenção dispendida pela CVM e demais agentes do mercado, destacamos o projeto "Abertas + Simples" (Projeto), que vem sendo coordenado pela Associação Brasileira de Empresas de Capital Aberto (ABRASCA), em parceria com o Comitê de Pronunciamentos Contábeis (CPC), com a própria CVM e a B3, visando justamente buscar a simplificação e modernização da prestação de informações a serem disponibilizadas pelas companhias abertas ao mercado.

Referido Projeto se encontra em franca evolução e busca coletar informações por parte de empresas e de investidores do mercado, bem como realizar análises comparadas com dispositivos da *SEC* para, ao final, apresentar uma ideia dos custos regulatórios de governança envolvidos com este processo de divulgação de informações ao mercado, bem como uma análise do investimento realizado em comparação com os benefícios proporcionados, como uma espécie de ROI (*Return on Investment*) de práticas de governança.

O Projeto tem como principal objetivo o aprimoramento na prestação de informações obrigatórias por parte das empresas e demais agentes do mercado, melhorando a eficácia do processo de *disclosure*, a partir de sua racionalização de maneira global, eliminando repetições, redundâncias e informações de menor relevância, gerando a redução do seu custo e aumento da eficiência, o que representará um diferencial competitivo da jurisdição brasileira na atração de recursos. Atualmente a ABRASCA se dedica no desenvolvimento de uma ferramenta de TI visando o atendimento desses objetivos.

A título informativo, o Projeto ainda visa atender outras relevantes demandas por parte das companhias e do mercado, dentre as quais destacamos: (i) o fim da obrigatoriedade do rodízio de auditorias ou ao menos a ampliação do prazo de rodízio de 05 para 10 anos para empresas que não possuem comitê de auditoria estatutário; (ii) o fim da obrigatoriedade do boletim de voto à distância para empresas com bases acionárias reduzidas; (iii) a instalação desregrada de conselhos fiscais, sem que os acionistas tenham ciência dos custos e implicações envolvidas com tais instalações a partir da facilitação proporcionada pelo boletim de voto à distância; (iv) redução do Formulário de Referência entre outros documentos de divulgação periódica obrigatória a fim de evitar duplicações, demanda interna desnecessária e a disponibilização de informações inúteis ao mercado. Neste item também vale mencionar a demanda pelo aprimoramento dos sistemas eletrônicos da CVM e B3 para facilitar o processo de divulgação de informações e, por fim, (v) o fim da obrigatoriedade de publicações legais em jornais de grande circulação e Diário Oficial, especialmente considerando a abundância de recursos tecnológicos disponíveis no mercado e o custo excessivo envolvido com tais publicações que, inclusive, não atingem o objetivo final da disseminação de informação por meio de jornais "de papel". Inclusive, a respeito deste último tópico a Lei 6.404/76 sofreu recente e positiva alteração por meio as Lei 13.818/19, que alterou o art. 294, ampliando o valor máximo admitido o patrimônio líquido para que a sociedade anônima de capital fechado faça jus ao regime simplificado de publicidade de atos societários, passando de R$ 1 milhão para R$ 10 milhões.

Conclusão

No Brasil, infelizmente ainda não há a cultura de divulgação voluntária de informações, o que se espera poder ser alcançado em breve. Ocorre que, diante do excesso de regulação atualmente encontrado no mercado brasileiro, ao invés do órgão regulador despertar a iniciativa da divulgação voluntária por parte das empresas, acaba por gerar um distanciamento maior, diante das dificuldades e ônus financeiros apresentados neste período de forte regulação e intervenção da CVM.

Neste sentido, mais importante que regular o mercado com vasta normatização, controle e fiscalização, se faz necessário o equilíbrio na demanda obrigatória por informações, respeitando o segmento da B3 escolhido pelas empresas e, principalmente, o aculturamento das empresas de capital aberto e demais agentes de mercado quanto à relevância na transparência e divulgação de informações, reforçando todos os benefícios gerados, tornando o mercado mais justo, com maior segurança para investidores e acionistas e, naturalmente mais atrativo, com maior grau de investimento e considerável melhoria na precificação dos valores mobiliários nele transacionados.

Alcançando este objetivo, certamente a prática da divulgação voluntária de informações se tornará mais efetiva, proporcionando maior efetividade na disseminação e qualidade das informações aos investidores, desonerando a entidade reguladora e tornando mais colaborativa a relação entre esta e o mercado, criando maior disponibilidade para que o órgão regulador possa se dedicar a iniciativas de longo prazo para o aprimoramento do mercado de valores mobiliários brasileiro.

Importante aqui reforçar o exposto no presente trabalho, no sentido de que não se defende aqui a autorregulação plena do mercado, o que seria inviável, especialmente considerando o atual contexto e a maturidade do mercado brasileiro, além das demais características já expostas anteriormente, mas sim, defende-se aqui a busca de uma harmonização mais efetiva entre a regulação e a autorregulação, onde o órgão regulador passaria apenas a dar o norte, com diretrizes gerais sobre a obrigatoriedade de divulgação de informações, ao invés de se concentrar na imposição de regras e na criação de documentos e formulários de preenchimento obrigatório.

Especialmente considerando o atual cenário de acelerado crescimento e sofisticação do mercado, com a comunicação em tempo real entre mercados internacionais intensificado pelas novas ferramentas tecnológicas atualmente disponíveis e de fácil acesso, a autorregulação ganhou ainda mais relevância, especialmente no sentido de auxiliar os próprios órgãos reguladores no intenso processo de adaptação às mutações do mercado, tanto sob o aspecto econômico-financeiro, quanto jurídico e regulatório.

A partir da análise realizada no presente trabalho de pesquisa, resta claro o excesso de demanda de informação por parte da CVM que, em diversas oportunidades se mostram redundantes e ineficientes, na medida em que acaba por não auxiliar efetivamente os investidores e agentes de mercado na tomada de decisão quanto a seus investimentos, sendo necessária a redução ou a condensação das demandas por informação em um número menor de documentos e formulários, inclusive, com uma menor variação de data base, gerando menos custos para as empresas e evitando que sejam induzidas ao erro no preenchimento dos mesmos e, também, facilitando a identificação/localização de informações relevantes pelos investidores, na medida em que não terão que busca-las em meio à diversa relação de documentos e formulários atualmente impostos pela CVM.

Neste mesmo contexto, se faz necessária a revisão da forma de divulgação dessas informações, a fim de que sejam realizadas com linguagem mais simples e didática, facilitando a interpretação das mesmas por parte do investidor médio brasileiro o que, consequentemente, também acabaria por estimular a entrada de novos potenciais investidores que não ingressaram ainda no mercado de valores mobiliários por insegurança e/ou desconhecimento, sendo válido ainda que a CVM realizasse treinamentos constantes aos investidores para que tenham mais condições de interpretar os dados técnicos disponibilizados pelas empresas, e às empresas de capital aberto, a fim aprimorarem sua linguagem na apresentação de suas informações ao mercado. A criação e o fortalecimento de um setor de treinamentos e de aproximação com as empresas e demais agentes de mercado na CVM e até mesmo na B3, poderiam ser muito bem recebidos pelo mercado e pela sociedade em geral.

Além da necessidade de redução da grande quantidade de documentos e formulários e da complexidade de suas informações, outra sugestão de melhoria que podemos vislumbrar, seria o aperfeiçoamento de sistemas eletrônicos e demais ferramentas virtuais, como por exemplo o próprio "Empresas.Net", que já apresentou melhorias consideráveis nos últimos anos, a fim de facilitar a disponibilização dessas informações pelas empresas e o acesso a elas pelo mercado e sociedade em geral.

Um exemplo de estagnação tecnológica, pode ser observado no que diz respeito ao formato de nossas publicações, que ainda seguem sendo realizadas por meio de jornais "de papel", que certamente, possuem um alcance exponencialmente menor do que demais ambientes virtuais que atualmente podem ser encontrados em abundância no mercado, sem entrar no mérito dos custos abusivos relacionados a tais publicações em periódicos de grande circulação e no Diário Oficial.

Neste sentido, diante da nova e acelerada dinâmica do mercado, o desenvolvimento e aprimoramento constante de sistemas e demais ferramentas tecnológicas que permitam o compartilhamento de informações em tempo real, reduzindo a necessidade de divulgação de informações com datas base diversas, bem como que possibilitem a redução da quantidade de formulários, mitigando eventuais confusões por parte do mercado, torna-se uma das iniciativas primordiais para que o mercado de valores mobiliários brasileiro siga sua trajetória respeitando as necessidades das empresas e proporcionando a almejada segurança aos investidores em geral.

Uma evolução interessante observada nos últimos anos que também é vista com bons olhos no processo evolutivo do mercado, diz respeito à criação de convênios e parcerias entre órgãos reguladores e demais empresas e entidades do mercado de valores mobiliários, a fim de buscar a unificação de procedimentos e a redução de demandas repetitivas por informação. Um exemplo respeitado e que já gerou bons frutos, foi o convênio de cooperação firmado em 2011 entre CVM e B3, a partir do qual buscou-se evitar sobreposição de esforço entre essas instituições, estabelecendo mecanismos de cooperação e de organização das atividades de fiscalização exercidas pela CVM e Bolsa de Valores de São Paulo, no âmbito de suas competências, relativamente ao acompanhamento da divulgação da prestação de informações ao mercado pelas empresas emissoras de valores mobiliários negociados na bolsa.

Por fim, apesar das diversas reflexões apresentadas no presente trabalho de pesquisa, especialmente no que diz respeito ao *disclosure* de companhias de capital aberto, se faz necessário destacar que, a intenção central aqui foi, desde o primeiro momento, provocar questionamentos em busca do desenvolvimento e evolução do nosso mercado de valores mobiliários. De qualquer forma, a CVM já demonstra há anos ser uma entidade de vanguarda, sempre aberta a novas ideias, visando seu constante aprimoramento e atualização, sem deixar de lado seu papel de órgão regulador, de suma importância para o equilíbrio do mercado, garantindo a assimetria de informações e mitigando práticas abusivas e desvios de conduta por parte de empresas, investidores e outros agentes de mercado mal intencionados, sendo que sua atuação deve ser respeitada e apoiada por toda a sociedade.

Referências

Benston. *Required Disclosure and the Stock Market: An Evaluation of the Securities Exchange Act of 1934,* American Economic Review, n.1, p.132, 1973.

Bocater, Maria Isabel do Prado e Camacho, Marília Gama Rodrigues, *Capacidade legal da Comissão de Valores Mobiliários no Brasil para editar normas e regulamentos, e formas de fazê-las cumprir,* Comissão de Valores Mobiliários, Rio de Janeiro, 1988.

BRASIL. *Lei n. 6.385, de 07 de dezembro de 1976.* Disponível em: <http://www.planalto.gov.br/ccivil_03/LEIS/L6385.htm>. Acesso em: 17 jul. 2018.

BRASIL. *Lei n. 6.404, de 15 de dezembro de 1976.* Disponível em: <http://www.planalto.gov.br/ccivil_03/leis/L6404consol.htm>. Acesso em: 17 jul. 2018.

BRASIL. *Comissão de Valores Mobiliários.* Sobre a CVM. Disponível em: <http://www.cvm.gov.br/menu/acesso_informacao/institucional/sobre/cvm.html>. Acesso em. 23 ago. 2018.

BRASIL. *Comissão de Valores Mobiliários.* Instrução nº 586 de 08 de junho de 2017. Disponível em: <http://www.cvm.gov.br/legislacao/instrucoes/inst586.html>. Acesso em: 23 ago. 2018.

BRASIL. *Comissão de Valores Mobiliários.* Instrução nº 480 de 07 de dezembro de 2009. Disponível em: < http://www.cvm.gov.br/legislacao/instrucoes/inst480.html>. Acesso em: 23 ago. 2018.

BRASIL. *Comissão de Valores Mobiliários.* Instrução nº 586 de 03 de janeiro de 2002. Disponível em: <http://www.cvm.gov.br/legislacao/instrucoes/inst358.html>. Acesso em: 23 ago. 2018.

Castro, Hélio O. Portocarrero de; Eizirik, Nelson Laks; IBMEC. *Regulação e controle do mercado de capitais : (o papel da SEC na experiência norte--americana).* Rio de Janeiro: Ibmec – SP, 1974. 100 p

COMISSÃO DE VALORES MOBILIÁRIOS. *O Mercado de Valores Mobiliários Brasileiro.* 3. ed. Rio de Janeiro: Comissão de Valores Mobiliários, 2014. 376 p

Douglas, William. *Protecting the Investor.* 23 Yale Review, *521 (1934)*

Dubeux, Julio Ramalho. *A comissão de valores mobiliários e os principais instrumentos regulatórios do mercado de capitais brasileiros.* Porto Alegre: Sergio Antonio Fabris Ed., 2006. 112 p.

Eizirik, Nelson; Gaal, Ariádna B.; Parente, Flávia; Henriques, Marcus de Freitas. *Mercado de capitais: regime jurídico.* 3. ed. rev. e ampl. Rio de Janeiro: Renovar, 2011. 660 p.

Eizirik, Nelson Laks; IBMEC. *O papel do Estado na regulação do mercado de capitais.* Rio de Janeiro: Ibmec – SP, 1977. 145 p.

IBGC – INSTITUTO BRASILEIRO DE GOVERNANÇA CORPROATIVA. *Código brasileiro de governança corporativa: Companhias Abertas/Grupo de Trabalho Interagentes*; coordenação Instituto Brasileiro de Governança Corporativa. São Paulo: IBGC, 2016. 64 p.

KRIPKE, Homer. *The SEC and Corporate Disclosure: Regulation in Search of a Purpose*. Harcourt Brace Jovanovich, New York, 1979.

LEÃES, Luis Gastão Paes de Barros. *Mercado de Capitais e insider trading*. São Paulo: Revista dos Tribunais, 1982.

ORPHÃO, Renata Santiago. *Direito e transparência na divulgação de informações:* a regulamentação brasileira versus a americana (Lei Sarbanes-Oxley). São Paulo: Textonovo, 2003. 157 p.

TRINDADE, Marcelo. *O Papel da CVM e o mercado de capitais no Brasil* in SADDI, Jairo, *Fusões e Aquisições: aspectos jurídicos e econômicos*, IOB, São Paulo, 2002. pp. 297-329.

YAZBEK, Otavio. *Regulação do mercado financeiro e de capitais*. 2. ed. Rio de Janeiro: Elsevier, c2009. 322 p.

Referências Complementares

ASSOCIAÇÃO BRASILEIRA DAS EMPRESAS ABERTAS – ABRASCA. Disponível em: <http://www.abrasca.org.br/Simplificacao-do-Disclosure> Acesso em: 07 set. 2018.

BARBOSA, Marcelo Santos. *A autorregulação no mercado de capitais*. Valor Econômico. 27 nov. 2018. Disponível em: <https://www.valor.com.br/financas/6000645/autorregulacao-no-mercado-de-capitais> Acesso em: 17 mar. 2019.

COSTA. Ângelo Augusto; e MORAES, Renato José de. *Insider Trading*. Revista dos Tribunais, n. 723, janeiro 1996, p. 697.

DAVID L. RATNER. *Securities Regulation in a nutshell,* 6th ed. St. Paul, West Publishing, 1998.

DE ABREU, Giovana Fiorin. *Os acordos de cooperação como alternativa para mitigar a sobreposição regulatória no mercado financeiro e de capitais brasileiro*. 2017. 41 f. Monografia em Programa de LLM em Direito dos Mercados Financeiro e de Capitais do Insper Instituto de Ensino e Pesquisa. São Paulo.

EIZIRIK, Nelson. *A lei das S/A comentada:* artigos 1º a 120. São Paulo: Quartier Latin do Brasil, 2011. 735 p.

EIZIRIK, Nelson. *A lei das S/A comentada:* artigos 121 a 188. São Paulo: Quartier Latin do Brasil, 2011. 662 p.

EIZIRIK, Nelson. *A lei das S/A comentada:* artigos 189 a 300. São Paulo: Quartier Latin do Brasil, 2011. 640 p.

Freitas. Bernardo Vianna e Feitosa. Priscila Teixeira. *Código brasileiro de governança corporativa – Companhias Abertas e a audiência pública para alteração da Instrução CVM 480*. Migalhas. 2017. Disponível em: <http://www.migalhas.com.br/dePeso/16,MI251882,31047-Codigo+brasileiro+de+governanca+corporativa+Companhias+abertas+e+a> Acesso em: 27 fev. 2018.

Haddad, Cláudio L. S. Experiência internacional e desafios para o mercado de capitais brasileiro. *Mercado de Capitais e Crescimento Econômico; Lições Internacionais, Desafios Brasileiros,* Rio de Janeiro, p. 181-186.

IBGC – INSTITUTO BRASILEIRO DE GOVERNANÇA CORPROATIVA. Código das melhores práticas de governança corporativa. 5. Ed. / Instituto Brasileiro de Governança Corporativa – São Paulo: IBGC, 2015. 108 p.

OFÍCIO-CIRCULAR/CVM/SEP/nº02/2018 de 28 de fevereiro de 2018. Disponível em: <http://www.cvm.gov.br/legislacao/oficios-circulares/sep/oc-sep-0218.html> Acesso em: 07 set. 2018.

Rocca, Carlos Antônio (Coord.). *Soluções para o desenvolvimento do mercado de capitais brasileiro.* Rio de Janeiro: José Olympio, 2001. 175 p.

Saldanha. Nair V. e Blanchet. Richard. *O informe sobre o Código Brasileiro de Governança e um excesso de regulação.* Capital Aberto. 2017. Disponível em: <https://capitalaberto.com.br/secoes/antitese/o-informe-sobre-o-codigo-brasileiro-de-governanca-e-um-excesso-de-regulacao/> Acesso em: 27 fev. 2018.

Villar, Ingryd Danielle de Jesus. *Disclosure: O impacto da divulgação de informações sobre as Companhias Abertas brasileiras.* 2016. 51 f. Monografia em Programa de LLM em Direito Societário do Insper Instituto de Ensino e Pesquisa. São Paulo.

Wald, Arnoldo (Org.). *Doutrinas essenciais: direito empresarial:* mercado de capitais. São Paulo: Revista dos Tribunais, 2011. 983 p.

Principais Aspectos do Contrato de Participação e da Sociedade em Conta de Participação no Investimento Anjo

Maria Luzia Pereira Alves de Lima

Introdução

Nos últimos anos, as *Startups*, isto é, empresas emergentes, tiveram um *boom* e estão buscando novas formas de investimentos, tais como aceleradoras, incubadoras e, também, o investidor-anjo. Prova deste aumento de interesse é a pesquisa realizada pela 100 *Open Startups*, a qual revela o aumento de 194% na quantidade de contratos firmados entre grandes empresas com as *Startups* entre o período de julho de 2016 e julho de 2017[1], cujos investimentos somam valores superiores a R$ 851 milhões. Ainda, o Banco Nacional do Desenvolvimento Econômico e Social ("BNDES"), a fim de estimular a captação e o desenvolvimento de ambientes inovadores, lançou condições especiais

[1] Conforme: DINO. Em ambiente competitivo, startups brasileiras usam tecnologia para impulsionar negócios: Com soluções inteligentes, startups brasileiras movimentam a economia com projetos que reduzem custos e aumentam eficiência. Portal Terra, 16 de agosto de 2018. Disponível em: <https://www.terra.com.br/noticias/dino/em-ambiente-competitivo-startups-brasileiras-usam-tecnologia-para-impulsionar-negocios,75697a16ff16ba35d98e3ba1f7dc413estbb8cbl.html>. Acesso em: 10.08.2018.

de planos de investimentos em inovação por meio de fundos de investimento administrados por gestores do mercado[2].

O aumento do interesse nas chamadas *Startups* pelos investidores é devido ao fato de serem empresas em fase inicial que desenvolvem produtos ou serviços inovadores, com alto potencial crescimento[3]. A Associação Brasileira de Startups ("ABStartup"), define o que é uma *Startup* e menciona sua origem[4]:

> O termo startup nasceu nos Estados Unidos há algumas décadas, mas só se popularizou no meio empreendedor brasileiro a partir da bolha ponto-com, entre os anos de 1996 e 2001. Para muitas pessoas ligadas à área, como empreendedores e investidores, toda empresa no seu estágio inicial pode ser considerada uma startup. Porém, para Yuri Gitahy, investidor-anjo e fundador da Aceleradora e conselheiro da ABStartups "é um grupo de pessoas à procura de um modelo de negócios repetível e escalável, trabalhando em condições de extrema incerteza".

Essas empresas nascentes buscam todas as formas de apoio financeiro para desenvolvimento dos seus projetos. Entretanto, a maior parte dos instrumentos disponíveis para o financiamento empresarial é para um estágio em que a empresa já possui uma estabilidade e consolidação mínima no que tange ao mercado atuante, pois o risco assumido pelo investidor é menor. Neste cenário, o investidor-anjo aparece para preencher esta lacuna.

2 Conforme: BNDES. (01 de junho de 2017). Folheto de Apoio à Inovação. Acesso em 10 de agosto de 2018, disponível em Banco Nacional do Desenvolvimento Econômico e Social – BNDES: https://www.bndes.gov.br/wps/wcm/connect/site/b077ab3c-1dc2-4a4b-8da6-eaad2e990fd7/FOLHETO-INOVACAO-BNDES-2017-06.pdf?MOD=AJPERES&CVID=lXN-ZbG

3 ABStartups. Tudo que você precisa saber sobre startups. Disponível em: <https://abstartups.com.br/2017/07/05/o-que-e-uma-startup/>. Acesso em: 10.08.2018.

4 Idem.

O investidor-anjo é originário dos Estados Unidos e constitui na prática de pessoas físicas, normalmente executivos, em realizar investimentos financeiros com recursos próprios em negócios emergentes, com o principal fator de agregar seu conhecimento, a sua experiência e o seu relacionamento, adquiridos em sua vida profissional. Assim, o investidor-anjo buscar apoiar e orientar empreendedor em todas as suas competências, além do mero aporte financeiro. Tal característica contribui para o desenvolvimento ordenado e guiado dos empreendimentos iniciais. A prática do investimento anjo no Brasil é recente e aplicada de forma restritiva, entretanto já movimentou o valor de R$ 984 milhões no ano de 2017[5].

Ainda, como forma de adaptar-se ao cenário internacional, em 2016, o Congresso Nacional editou a Lei Complementar nº 155 a fim de instituir condições específicas de incentivos ao investimento anjo e, para tanto, criou o Contrato de Participação. Referido instrumento jurídico, aborda questões particulares em relação aos demais instrumentos disponíveis para formalização de investimento.

Diante deste cenário, este estudo utilizou-se de método de pesquisa bibliográfica a fim de analisar em seu primeiro capítulo em qual estágio de do ciclo de investimento se encaixa o investimento anjo, face as demais modalidades de financiamento empresarial. No segundo capítulo, aborda o conceito de investidor anjo e como foi inserido no ordenamento jurídico brasileiro. No terceiro capítulo, realizou-se a análise dos principais aspectos inovadores da Lei Complementar nº 155, de 2016. E, no quarto capítulo, buscou-se comparar eventuais vantagens e desvantagens no âmbito tributário da formalização do investi-

5 PROTEC, Portal. Startups: Investidores-anjo brasileiros investiram R$ 984 milhões em 2017. Publicado em 23 de agosto de 2018. Disponível em: <http://protec.org.br/senai/36837/startups-investidores-anjo-brasileiros-investiram-r-984-milhoes-em-2017>. Acesso em 10.09.2018.

mento anjo mediante celebração do Contrato de Participação *versus* a constituição de Sociedade Em Conta de Participação.

1. *Startups* e o Ciclo de Investimento

Nos últimos anos, sugiram diversas empresas com capacidade para alcançar o êxito no mercado devido as ideias inovadoras de seus produtos e serviços ("*Startup*").

O caminho a ser percorrido por uma empresa para consolidar sua marca no mercado em que atue e tenha processos organizados possui diversos estágios de maturação para chegar no seu almejado posto de sucesso. Assim, pode-se considerar que *Startup* não é uma categoria de empresa, mas um estágio de desenvolvimento[6]. Neste percurso, há diversas classes de investidores interessados em aplicar capital para ajudar o desenvolvimento, objetivando retorno e participação no empreendimento.

Para o desenvolvimento ou o aprimoramento do negócio, um empreendedor ou uma companhia pode adquirir recursos financeiros em ambiente interno ou no ambiente externo. No primeiro, o empreendedor pode realizar aportes por si mesmo ou, então, pela reaplicação dos lucros no próprio negócio cujos quais não foram distribuídos aos sócios da companhia.

Já no ambiente externo, pode-se aplicar valores em títulos no mercado financeiro e de capitais ou, então, receber o aporte financeiro de terceiros, sendo que nesta hipótese existem diversos instrumentos de financiamento. Cada um destes instrumentos visa incentivar empreendimentos que possuem graus diferentes de maturidade ("Ciclo de Investimento").

Neste sentido, em teoria uma empresa iniciante que ainda não lançou seu produto e/ou serviço poderá receber determi-

[6] Nybo, Erik Fontenele. Memorando de Entendimentos para Pré-Constituição de uma Startup. In Direito das Startups. Curitiba, Paraná. Juruá Editora, 2016, p. 30.

nada espécie de incentivo de terceiros, enquanto uma empresa com um produto e clientela estabelecida, tende a receber outros tipos de incentivos.

Na figura abaixo é possível demonstrar os ciclos de desenvolvimento e os respectivos investimentos que uma companhia pode receber em tais etapas:

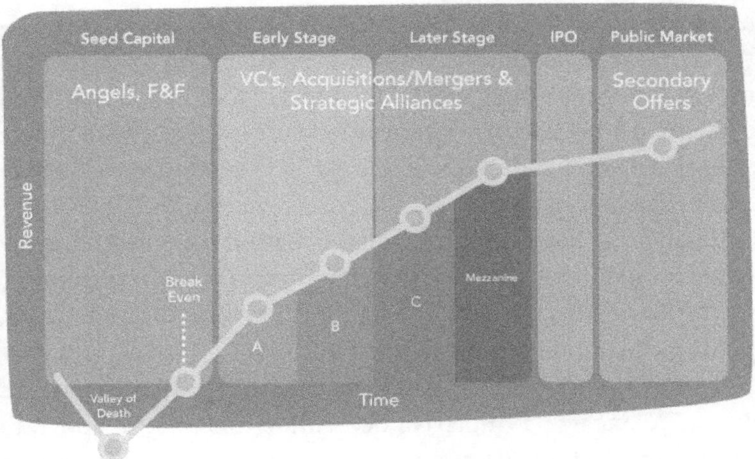

Figura 1. Ciclo de Investimento. Fonte: EVUS[7].

Este Ciclo de Investimento é bem representado pelo gráfico acima, publicado pela Jacqueline Zenn, no *site* EVUS, pois há destaque aos possíveis instrumentos de investimento, conforme o grau de maturidade das empresas[8].

A fase "*Seed Capital*" ocorre no estágio embrionário do negócio e os aportes são realizados com a finalidade de desenvolvimento de um projeto já existente ou para testes negócio com o

[7] EVUS Technologies. Texto: "The Stages of Startups Funding (with infographic)" , publicado em (data não informada). Disponível em: <http://www.evus.com/blog/startup-funding-stages/>. Acesso em: 08/09/2018.

[8] Idem.

público alvo. Neste estágio, a empresa possui um produto/serviço, entretanto é imatura e inexiste ou possui baixo grau fluxos e processos, tampouco de governança corporativa. Nesta etapa, é possível considerar os seguintes tipos de investimentos a partir dos chamados "F&Fs" que são aportes advindos dos fundadores do empreendimento, família e amigos próximos e que decidem investir devido a sua relação pessoal com o empreendedor e, não necessariamente, por terem boa avaliação do negócio em si[9]. Ainda neste estágio, há os chamados investidores-anjos que aportam valores mais altos que os F&Fs e para definir o valor a ser aportado utilizam como base a ideia a ser desenvolvida ("Investidor Anjo"). O Investidor Anjo será explorado no Capítulo 2.

Já no *Early Stage* (estágio inicial), os investimentos ocorrem em empreendimentos que possuem grau estável no conceito do seu projeto e tendem a ter uma equipe fixa de administradores, possuindo grande potencial de investimento, mesmo sem possuir grau relevante de fluxos, processos e governanças. Nesta etapa, destaca-se a iniciativa de *Venture Capital* que aportam capital em *startups* que possuem potencial de crescimento. Via de regra, estes aportes ocorrem com objetivo de obter uma fatia da companhia no futuro, o que ocorre mediante a preferência de compra ou dívida conversível em participação societária.

Vale destacar que os investimentos por *Venture Capital* crescem exponencialmente no Brasil, mesmo no período de recessão econômica no Brasil. Isto é demonstrado pelo estudo promovido anualmente pela Associação Brasileira de *Private Equity* & *Venture Capital*[10] ("ABVCAP"), em conjunto com a KPGM. No

[9] Spina, Cassio A.Investidor Anjo: Guia prático para empreendedores e investidores. São Paulo: nVersos, 2012, p. 38.

[10] Sobre a ABVCAP: "A Associação Brasileira de Private Equity e Venture Capital é uma entidade sem fins lucrativos em atividade desde o ano 2000, que visa o desenvolvimento da atividade de investimento de longo prazo no País,

estudo publicado no ano de 2017, a ABVCAP demonstrou que os valores investidos em *Venture Capital* entre os anos de 2015 e 2016 foi de, respectivamente, R$ 12 milhões e R$ 9 milhões de reais, distribuídos em 96 e 84 empresas[11].

No estágio seguinte, conhecido como *Later Stage* (estágio avançado), o negócio já possui uma boa avaliação e é consolidada. Em certos casos, já atingiu consideravelmente um faturamento linear e relevante se comparado com seus concorrentes diretos. Nesta etapa, os próximos passos no Ciclo de Investimento visam consolidar não apenas o produto, mas a marca da companhia, objetivando realizar a *Initial Public Offering – IPO* (Oferta Pública Inicial) para abertura de capital.

2. Investidor Anjo

O Investidor Anjo atua na fase *Seed* Stage, isto é, no estágio em que as empresas não estão amadurecidas o suficiente para receber o apoio mais avançado de empresas e/ou fundos de investimento.

O termo "investidor-anjo" é tradução da expressão em inglês *angel investor*, também referenciado por *business angel*, sendo que ambas expressões aludem pessoas físicas que investem recursos próprios em negócios em estágios iniciais, com grande potencial de crescimento[12].

Em regra, o aporte fornecido pelo o Investidor Anjo é alto e visa empresas menores[13]. Além disso, também contribui com a

nas modalidades abrangidas pelos conceitos de private equity, venture e seed capital.". Disponível em: <http://www.abvcap.com.br/associacao/quem-somos.aspx?c=pt-br>. Acesso em 09/09/2018.

[11] Associação Brasileira de Private Equity & Venture Capital. Estudo: "Consolidação de Dados da Indústria de Private Equity e Venture Capital no Brasil (2011.2012.2013.2014.2015.2016)". Disponível em: <http://www.abvcap.com.br/Download/Estudos/3899.pdf>. Acesso em 09/09/2018.

[12] Spina, op. cit., p. 19.

[13] *"Angel investors are typically high net-worth individuals with capital available for the purpose of investment in smaller businesses. Angel Investors often come together to form*

sua experiência comercial, seu *know-how* técnico e gerencial e sua rede de contatos[14]. Em 2007, a Wiltbank & Boeker realizou um estudo para demonstrar a influência positiva do investidor anjo aos retornos obtidos, pois o acompanhamento e o direcionamento do negócio pós-investimento são realizados de perto pelo anjo, o que auxilia a *startup* a ser direcionada para caminhos mais assertivos[15]. Os investimentos realizados com tais atributos são denominados pelo mercado de *smart money*.

Nas palavras de SPINA, o Investidor-anjo é a designação para as pessoas físicas que investem seus próprios recursos financeiros em negócios emergentes, isto é, que estejam na fase inicial de desenvolvimento, agregando o seu conhecimento, a sua experiência e o seu relacionamento, adquiridos em sua carreira executiva ou empresarial, para o empreendedor[16]. Assim, além de poder aplicar dinheiro em um negócio, os empreendedores emergentes terão a vantagem de que o Investidor-anjo será uma espécie de "conselheiro", sem assumir a responsabilidade pela administração da empresa.

Neste sentido, considerando que o Investidor Anjo está presente nos estágios embrionários das *startups*, ou seja, projetos de jovens empreendedores que não estão suficientemente desen-

an Angel Network, which pools resources, makes informed decisions and offers advice to their portfolio ventures" In RELE, Aditee. De-mystifying start-up growth stages and terminoly. Publicado em 1º de julho de 2015. Disponível em: <https://blogs.msdn.microsoft.com/aditeerele/2015/07/01/de-mystifying-start-up-growth-stages-and-terminology/>. Acesso em: 10/09/2018.

14 LERNER, Josh; SCHOAR, Antoinette. *Rise of the Angel Investor: A Challenge to Public Policy*. Publicado em 23 de setembro de 2016. Disponível em: <https://www.thirdway.org/report/rise-of-the-angel-investor-a-challenge-to-public-policy>. Acesso em 01/09/2018.

15 WILTBANK, R.; BOEKER, W. Returns to Angel Investors in Groups. SSRN Electronic Journal, 2007. Disponível em: <https://papers.ssrn.com/sol3/papers.cfm?abstract_id=1028592>. Acesso em: 10/09/2018.

16 SPINA, Cássio A. Investidor-Anjo: Guia prático para empreendedores e investidores, 1ª Ed. São Paulo: nVersos, 2012.

volvidos, tais investidores entendem que quanto mais cedo for realizado o investimento, melhor será o potencial de lucro sobre o investimento, mesmo que o risco seja maior. Como bem lembra SPINA, o Investidor Anjo já possui demasiado reconhecimento nos Estados Unidos[17]:

> Cabe observar que nos EUA o investidor-anjo é muito respeitado e reconhecido pelo seu trabalho por todos os profissionais da indústria de venture capital (VC), pelo governo e pela sociedade em geral, posto que ele é um dos primeiros elos de apoio à cadeia de empreendedorismo, propiciando a geração de novos negócios inovadores e consequentemente alimentando os próximos elos da indústria de investimentos, além de ser o responsável por gerar oportunidades de empregos e renda para o país.

Em relação as áreas de investimentos, o Investidor Anjo apoia setores variados, da mesma forma como os fundos de *Venture Capital* fizeram nos últimos anos[18]. Entretanto, o que os diferencia dos fundos de *Venture Capital* é apoiar setores em que possuem *expertise*. Este quesito é de suma importância, pois, como já explicitado, o Investidor Anjo aporta também conhecimento ao projeto, caso escolha uma *startup* cujo mercado de atuação seja de seu conhecimento, as chances de o retorno financeiro ser maior do que o habitual são maiores[19].

[17] Ibidem, p. 20.

[18] Os fundos de *Venture Capital*, conforme demonstra o estudo de 2017 da ABVCAP com a KPMG, entre os anos de 2011 e 2016, os investimentos realizados por VC foram diversificados. Em 2016, as principais áreas a receber investimentos foram: Construção Civil com 18%; Serviços Financeiros com 11%; e, Alimentos e Bebidas com 11%. *In* Associação Brasileira de Private Equity & Venture Capital. (2017). Consolidação de Dados da Indústria de Prive Equity e Venture Caital no Brasil – 2011, 2012, 2013, 2014, 2015 e 2016. Disponível em: <http://www.abvcap.com.br/Download/Estudos/3899.pdf>. Acesso em 09 de setembro de 2018.

[19] MCKASKILL, Tom. An Introduction to Angel Investing. Melbourne: Breakthrough Publications, 2009. Disponível em: <https://www.angelcapitalassocia-

No Brasil, diferentemente do Estados Unidos da América, é recente a cultura do investimento em empresas nascentes. Isto ocorre, pois a disponibilidade de pessoas com disponibilidade de recursos financeiros, humano, tempo e experiência para investir são limitadas.

Nos Estados Unidos da América e em países da Europa, a prática de investir em empresas emergentes é recorrente do dia a dia da população, pois em tais localidades esta ideia já está enraizada em sua cultura.

Este cenário tem mudado e tal espécie de investimento está em crescimento exponencial. Conforme estudo veiculado no Congresso de Investimentos Anjo em 22 de agosto de 2018, no período de 2017 os Investidores Anjos aportaram R$ 984 milhões em *startups* brasileiras, cujo valor é 16% maior se comparado com o ano de 2016[20]. Entretanto, conforme estudo realizado pela Universidade de New Hampshire, os Estados Unidos em 2007 movimentou U$ 25,6 milhões de dólares com o mercado de investimento anjo[21].

Em que pese a comparação negativa, mesmo que o ato e a cultura de investir ainda é pouco difundido na sociedade brasileira, há algumas iniciativas de fomento aos novos projetos, ficando restrita, em regra, apenas aqueles ligadas ao mercado financeiro. É o caso do programa "Foresee"[22], criado em 2016,

tion.org/data/Documents/Resources/McKaskill-_Intro_to_Angel_Investing.pdf?rev=CF33>. Acesso em: 10/09/2018.

[20] PROTEC, Portal. Startups: Investidores-anjo brasileiros investiram R$ 984 milhões em 2017. Publicado em 23 de agosto de 2018. Disponível em: <http://protec.org.br/senai/36837/startups-investidores-anjo-brasileiros-investiram-r-984-milhoes-em-2017>. Acesso em 10.09.2018.

[21] SOHL, Jeffrey. The angel Investor Market in 2006: The Angel Market continues steady growth. Center of Venture Research. 2007. Disponível em: <https://paulcollege.unh.edu/sites/default/files/resource/files/2006-analysis-report.pdf>. Acesso em: 10/09/2018.

[22] FORESEE. Disponível em: <http://www.b3.com.br/pt_br/b3/inovacao/foresee/>. Acesso em 20.08.2018.

destinado ao aceleramento de *Startups* pela B3 S. A. – Brasil, Bolsa, Balcão em parceria com a Darwin Startups.

Verifica-se, portanto, interesse e esforço de grandes empresas do mercado[23] e, também, do governo brasileiro em regulamentar e impor boas práticas para o fomento das atividades emergentes nos últimos anos para ajudar o combate a crise econômica instaurada no Brasil desde o início de 2014 com a Operação Lava-Jato.

2.1. A Lei Complementar nº 155/2016

Com a intenção de se atualizar sobre o tema, o Congresso Nacional em 2016 editou a Lei Complementar nº 155 ("LC 155/2016") que, dentre outros temas, acrescenta quatro dispositivos legais na Lei Complementar 123/2006 ("LC 123/2006"), quais sejam: 61-A, 61-B, 61-C e 61-D a respeito do Investidor-anjo no para a regularização deste tipo de fomento aos empreendimentos iniciantes no país.

Ressalta-se que a LC 123/2006 tem por objeto instituir o regime simplificado de tributação denominado Simples Nacional ("Simples").

A LC 155/2016 traz alguns aspectos relevantes sobre o Investidor Anjo, os quais, para fins de abordagem deste trabalho, destacam-se: (i) quem poderá ser investidor-anjo; (ii) particularidades sobre a responsabilidade civil; (iii) instrumento jurídico de formalização do investimento; e, dentre outros, (v) aspectos da responsabilidade tributária, a qual foi regulamentada pela Instrução Normativa RFB nº 1.719/2017 ("IN nº 1719/2017").

[23] Ingizza, C. (09 de setembro de 2017). Contratos entre grandes empresas e startups crescem 194% no Brasil. Estudo de movimento 100 Open Startups analisou 408 empresas e mais 3 mil startups entre julho de 2015 e julho de 2017. São Paulo, São Paulo, Brasil. Disponível em: < disponível em https://link.estadao.com.br/noticias/inovacao,contratos-entre-grandes-empresas-e-startups-crescem-194-em-2017,70002018249>. Acesso em 10 de agosto de 2018.

2.1.1. Conceito

No que tange ao conceito, no artigo 61-A da LC 155, é definido como Investidor Anjo toda pessoa física ou jurídica que realizar aportes financeiros para incentivar as atividades de inovação e investimentos produtivos nas sociedades enquadradas como microempresa ("ME") ou empresa de pequeno porte ("EPP"). Vejamos:

É possível identificar, no primeiro momento, dois aspectos relevantes sobre o conceito: além da pessoa física, também poderá ser enquadrado como Investidor Anjo as pessoas jurídicas (§2º)[24]. O segundo aspecto relevante é que, embora a lei não faça referência expressa ao termo *startups* e tampouco o define, fez-se a limitação quanto a natureza da sociedade que poderá receber aporte com tais características, considerando que apenas podem receber as sociedades enquadradas como ME ou EPP que possuam negócios disruptivos ou inovadores. Esta característica do enquadramento legal como microempresa ou empresa de pequeno determina que haja a escolha de um regime jurídico tributário para o empreendimento, o que o torna ó negócio traz transparência para a administração pública do seu patrimônio e dos seus ganhos.

2.1.2. Responsabilidade

Não obstante, também é possível destacar que o Investidor Anjo "*não será considerado sócio e, tampouco, terá direito gerência ou voto na administração da empresa investida*" (inciso I, §4º). Esta disposição é divergente da ideia de *smart money* que o conceito original de Investidor Anjo, pois é uma característica dele

[24] Art. 61-A. Para incentivar as atividades de inovação e os investimentos produtivos, a sociedade enquadrada como microempresa ou empresa de pequeno porte, nos termos desta Lei Complementar, poderá admitir o aporte de capital, que não integrará o capital social da empresa. (...) § 2º. O aporte de capital poderá ser realizado por pessoa física ou por pessoa jurídica, denominadas investidor-anjo.

A partir do inciso I, §4º do mesmo artigo concluí-se que o Investidor Anjo, por não ser sócio da empresa investida, não poderá ser responsabilizado por quaisquer obrigações imputadas à referida *Startup*. Seguindo tal lógica, o inciso II, do §4º, determina que o Investidor Anjo não será considerando, para nenhum fim, responsável solidário por quaisquer dívidas adquiridas pela empresa investida, tampouco em caso de desconsideração da personalidade jurídica, prevista no artigo 50, da Lei nº 10.406, de 10 de janeiro de 2002 (Código Civil).

Esta afirmação impacta eventuais débitos trabalhistas ou, então, perante o fisco, pois o Investidor Anjo não poderá ser executado para pagar tais débitos. Em comparação a outros meios de formalização de investimentos mediante criação de uma nova sociedade ou, então, inclusão do investidor como sócio em uma sociedade limitada, por exemplo, a responsabilidade deste será limitada a sua quota parte, não respondendo o sócio com seu patrimônio pessoal por dívidas da sociedade[25].

2.1.3. Instrumento Jurídico

A LC 155/2016 criou, mediante inclusão do §1º, art. 61-A na LC 123/2006[26], uma nova espécie de contrato no ordenamento jurídico para formalização do investimento por um Investidor Anjo. Este instrumento é denominado Contrato de Participação ("Contrato de Participação").

[25] Art. 1.052. Na sociedade limitada, a responsabilidade de cada sócio é restrita ao valor de suas quotas, mas todos respondem solidariamente pela integralização do capital social.

[26] Art. 61-A. Para incentivar as atividades de inovação e os investimentos produtivos, a sociedade enquadrada como microempresa ou empresa de pequeno porte, nos termos desta Lei Complementar, poderá admitir o aporte de capital, que não integrará o capital social da empresa. § 1º. As finalidades de fomento a inovação e investimentos produtivos deverão constar do contrato de participação, com vigência não superior a sete anos.

As partes, investida e investidor, poderão firmar o Contrato de Participação, desde que observada alguns requisitos, tais como: prazo de vigência do contrato (§1º, art. 61-A), forma de remuneração do Investidor Anjo, a limitação de a remuneração não poder ser superior a 50% dos lucros da sociedade enquadrada como ME ou EPP (§ 6º, art. 61-A) e que a remuneração por seus aportes poderá ocorrer pelo prazo máximo de 05 anos (inciso III, do § 4º, art. 61-A). Ainda, também deverá observar o tempo mínimo de 02 anos a ser observado pelas partes para resgate (§ 7º, art. 61-A).

Ressalta-se que, como mencionado anteriormente, o Investidor Anjo não será sócio da *Startup*, de modo que não será responsável solidário pelas dívidas da empresa e eventuais débitos trabalhistas. Ainda, não terá nenhum poder de gerência ou voto na administração da empresa (inciso I, § 4º, art. 61-A).

Ainda, o valor aportado pelo Investidor Anjo não integrará o capital social da *Startup* e também não será contabilizada como receita da sociedade para fins de enquadramento da *Startup* como ME ou EPP (§ 5º, art. 61-A).

Não obstante, a LC 155/2016 também possibilita o Investidor Anjo a realizar a transferência do aporte à terceiros (§ 8º, art. 61-A), desde que haja consentimento de todos os sócios, salvo se houver estipulação contratual expressa em contrário (§ 9º, art. 61-A).

Outro destaque sobre o Contrato de Participação é o direito de preferência para o Investidor Anjo no caso de venda da sociedade (art. 61-C). Isto significa que, se houver a venda das participações dos demais sócios da sociedade, o Investidor Anjo terá preferência na compra. Não obstante, no mesmo sentido do art. 254-A, Lei da Sociedades Anônimas[27] (Lei nº 6.404/1976)[28], o

[27] Art. 254-A. A alienação, direta ou indireta, do controle de companhia aberta somente poderá ser contratada sob a condição, suspensiva ou resolutiva, de que o adquirente se obrigue a fazer oferta pública de aquisição das ações com

Investidor Anjo possui direito ao *tag along*. Ou seja, caso haja a venda das ações de algum dos sócios participantes, o Investidor Anjo poderá vender conjuntamente sua participação pelas mesmas condições de venda definidas pelo sócio vendedor.[28]

3. Contrato de Participação e Sociedade em Conta de Participação

Antes do advento da LC 155/2016, o Investidor Anjo poderia valer-se de alguns instrumentos jurídicos disponíveis no ordenamento jurídico para formalizar seu investimento. Cada uma das possibilidades ainda está disponível, entretanto o instrumento será escolhido de acordo com o planejamento das partes. Para tanto, as partes tinham, e ainda possuem à sua disposição, a criação de uma sociedade limitada, sociedade anônima, celebrar um contrato de mútuo conversível em participação societária ou, então, um contrato de sociedade em conta de participação. Estas duas últimas opções são os instrumentos mais utilizados pelas partes.

Como regra geral, o investimento em empresas tem como contrapartida a aquisição de cotas ou ações das sociedades empresárias, de modo que o investidor passa a ser, também, sócio no empreendimento. É o que normalmente é pretendido ao criar uma sociedade limitada, sociedade anônima ou, então, celebrar um contrato de mútuo conversível em participação societária.

direito a voto de propriedade dos demais acionistas da companhia, de modo a lhes assegurar o preço no mínimo igual a 80% (oitenta por cento) do valor pago por ação com direito a voto, integrante do bloco de controle.

[28] O art. 254-A foi incluído na Lei nº 6.404/1976 mediante a promulgação da Lei nº 10.303, de 31 de outubro de 2001. Altera e acrescenta dispositivos na Lei no 6.404, de 15 de dezembro de 1976, que dispõe sobre as Sociedades por Ações, e na Lei no 6.385, de 7 de dezembro de 1976, que dispõe sobre o mercado de valores mobiliários e cria a Comissão de Valores Mobiliários.

Ocorre que para o Investidor Anjo a aquisição de parcela societária na empresa que recepcionará o investimento pode não ser o ideal, pois, dentre outros aspectos, este poderá ser considerado responsável solidário pelas obrigações cíveis, trabalhistas, tributárias e previdenciárias da empresa. Neste sentido, mediante a edição da LC 155/2016, o Contrato de Participação e suas características visam, exatamente, afastar tais preocupações.

Neste estudo, realizamos um comparativo entre o Contrato de Participação e a Sociedade Em Conta De Participação.

3.1. A Sociedade em Conta de Participação para o Investidor Anjo

A LC 155/2016 menciona a formalização do investimento anjo por intermédio do Contrato de Participação, entretanto também é possível formalizar mediante a criação de uma Sociedade Em Conta De Participação ("SCP"). Este instrumento proporciona diversas vantagens de interesse as partes participantes como, por exemplo, afastar a responsabilidade solidária do Investidor Anjo caso ele participe do aprimoramento do negócio da *Startup*, praticando o *smart money*.

A SCP é uma sociedade não personificada, composta pelo sócio oculto e o sócio ostensivo, prevista no artigo 991 e seguintes, na Lei nº 10.406, de 10 de janeiro de 2002 ("CC/02"). Como a SCP jamais adquirirá personalidade jurídica por não ser levada à registro na Junta Comercial (apenas no Registro de Empresas Mercantis), esta sociedade gera efeitos apenas entre as partes contratantes.

As obrigações e as atividades da SCP serão realizadas pelo sócio ostensivo, o qual será considerado como responsável pela SCP para todos fins e será com quem o mercado fará negócio e aparece para divulgação do empreendimento. Já o sócio oculto, não possui visibilidade perante terceiros e sua função se limita à disponibilização de recursos ao sócio ostensivo, não podendo ter qualquer ato de administração relativa à SCP, apenas poderá fiscalizar a gestão do negócio (parágrafo único, art. 993, CC/02).

Para SPINA, a SCP é vista como um instrumento adequado para se formalizar o investimento por Investidor Anjo, pois este seria o sócio oculto e, a *Startup*, o sócio ostensivo[29]. Vejamos:

> Nesta modalidade, fica bem caracterizado que o investidor-anjo tem uma relação apenas financeira com a empresa. Por ser um instrumento particular, teoricamente é mais difícil para eventuais credores inserirem o investidor-anjo no polo passivo de possíveis ações de execução. É importante denotar que o "sócio oculto" não pode ter qualquer papel executivo na gestão de negócio, caso contrário, descaracterizará a SCP de imediato.

Esta modalidade poderá ofertar alguns diferenciais, principalmente no que tange a garantias e segurança jurídica, ao Investidor Anjo e a Startup investida, pois possui fórmula cuja qual poderá mitigar riscos relacionados a assunção de responsabilidade do Investidor Anjo para com a *Startup* e terceiros no que tange as questões tributárias, trabalhistas, previdenciárias, societário e civil. Assim, caso haja quaisquer prejuízos causados pela SCP, o responsável será o sócio ostensivo e não o sócio oculto[30].

3.1.1. A SCP e a Receita Federal

O CC/02, em seu art. 1.162, determina que a SCP não poderá ter firma ou denominação social. Isto ocorre, pois, em nosso ordenamento jurídico, a SCP é uma sociedade não personificada.

[29] Conforme: SPINA, Cassio A.Investidor Anjo: Guia prático para empreendedores e investidores. São Paulo: nVersos, 2012, p. 146.

[30] JUDICE, Lucas Pimenta. Notas sobre a possibilidade uma optante pelo Simples Nacional constituir uma Sociedade Em Conta de Participação. *In* Direito das Startups. Curitiba, Paraná. Juruá Editora, 2016, p. 168.

Entretanto, em entendimento contrário ao estabelecido pelo CC/02, em 2016 a Receita Federal do Brasil ("Receita Federal") editou a Instrução Normativa RFB nº 1.634 ("IN 1.634") em que prevê a obrigatoriedade de a SCP se inscrever no Cadastro Nacional da Pessoa Jurídica ("CNPJ").

Antes da edição da IN 1.634, o órgão responsável por solucionar as consultas formuladas pelos contribuintes, a Coordenação-Geral de Tributação da Receita Federal do Brasil ("COSIT"), emitiu o parecer na Solução de Consulta nº 121 concluindo que as SCPs estariam desobrigadas de tal inscrição, mas que nada impediria que a RFB determinasse que todas as SCPs se inscrevessem no CNPJ. A referida obrigação apenas existiria caso alguma instrução normativa da RFB fosse editada e previsse a necessidade de inscrição no CNPJ.

3.2. Impactos da Celebração de SCP versus o Contrato de Participação

Para fins deste artigo, será realizada a comparação das vantagens e desvantagens de caráter tributário ao celebrar uma SCP ou um Contrato de Participação para formalização do investimento anjo. Vejamos.

3.2.1. Impossibilidade de Inscrição da Startup no Simples Nacional

Ao celebrar uma SCP para formalizar o investimento entre o Investidor Anjo e a *Startup* é de, neste caso, o aporte realizado integrará a receita da *Startup* para todos os fins, impossibilitando a *Startup* de aderir ao regime tributário do Simples Nacional como base de cálculo tributário.

Isto ocorre, pois, nos termos da LC 123/2006, em seu art. 3, § 4º, inciso I, prevê que não será beneficiário do Simples Nacional a empresa cujo capital advenha de outra pessoa jurídica[31].

[31] Art. 3º Para os efeitos desta Lei Complementar, consideram-se microempresas ou empresas de pequeno porte, a sociedade empresária, a sociedade simples, a

Considerando que a *Startup* é um estágio inicial de uma empresa e que os investimentos anjo ocorrem exatamente neste estágio embrionário, é desvantajoso para a *Startup* optar por algum outro regime tributário diferente do Simples Nacional. Neste caso, estariam disponíveis como opção o: (i) Lucro Real, no qual a empresa terá de pagar os tributos conforme o que realmente faturar e lucrar; e (ii) Lucro presumido, em que a importância ser tributada será determinada com base na receita bruta obtida pela empresa[32].

Não obstante a vedação da LC 123/2006, a Solução de Consulta DISIT/SRRF nº 10024, de 22 de junho de 2015, emitida RFB, traz o entendimento que a SCP é equiparada para fins tributários a qualidade de pessoa jurídica, reforçando referida vedação:

> ASSUNTO: Simples Nacional.
> EMENTA: OPTANTE PELO SIMPLES NACIONAL. VEDAÇÃO À PARTICIPAÇÃO NO CAPITAL DE OUTRA PESSOA JURÍDICA. SOCIEDADE EM CONTA DE PARTICIPAÇÃO (SCP). EQUIPARAÇÃO À PESSOA JURÍDICA.
> **Para fins tributários, a Sociedade em Conta de Participação – SCP equipara-se a pessoa jurídica. Sendo assim, as microempresas ou empresas de pequeno porte que sejam sócias de SCP não poderão beneficiar-se do tratamento jurídico diferenciado previsto na Lei Complementar nº 123, de 2006, o que implica a exclusão do Simples Nacional.**

empresa individual de responsabilidade limitada e o empresário a que se refere o art. 966 da Lei nº 10.406, de 10 de janeiro de 2002 (Código Civil), devidamente registrados no Registro de Empresas Mercantis ou no Registro Civil de Pessoas Jurídicas, conforme o caso, desde que: (...) § 4º Não poderá se beneficiar do tratamento jurídico diferenciado previsto nesta Lei Complementar, incluído o regime de que trata o art. 12 desta Lei Complementar, para nenhum efeito legal, a pessoa jurídica: I – de cujo capital participe outra pessoa jurídica.

[32] JUDICE, op. cit., p.170.

> SOLUÇÃO DE CONSULTA VINCULADA À SOLUÇÃO DE CONSULTA COSIT Nº 139, DE 3 DE JUNHO DE 2015.
>
> DISPOSITIVOS LEGAIS: Lei Complementar nº 70, de 1991, art. 1º; Lei Complementar nº 123, de 2006, art. 3º, §§ 4º, VII, 5ºe 6º; Lei nº 9.715, de 1998, art. 2º, I; Lei nº 10.406, de 2002 (Código Civil), arts. 991 a 993; Decreto-Lei nº 2.303, de 1986, art. 7º; Decreto nº 3.000, de 1999 (RIR/1999), arts. 148, 149, 254 e 515; Instrução Normativa SRF nº 31, de 2001, art. 1º, caput, e § 1º; Ato Declaratório Interpretativo SRF nº 14, de 2004.
>
> *(grifo nosso)*

Entretanto, ressalta-se que esta afirmação dada pela Receita Federal colide com o previsto no CC/02, pois este define que a SCP não possui personalidade jurídica de modo que sua existência independe de registro em órgão oficial e, tampouco, terá de ter firma ou denominação (arts. 993 e 1.162).

Diferentemente da SCP, o Contrato de Participação prevê legalmente, no *caput* do art. 61-A, que o aporte de capital "*não integrará o capital social da empresa*". Neste sentido, o Contrato de Participação aparenta ser mais vantajoso para a *Startup*, pois esta poderá ser inscrita no Simples Nacional e definir um regime mais simplificado para a incidência e base de cálculo dos tributos a serem pagos por ela, do que o Lucro Presumido e o Lucro Real.

3.2.2. Tributação da SCP *versus* Contrato de Participação

Em que pese exista o Contrato de Participação, é também possível formalizar o investimento anjo mediante celebração da SCP e, neste caso, para fins tributários, a SCP possui natureza de pessoa jurídica e precisará realizar a inscrição no CNPJ, mesmo que tal afirmação contradiga o que dispõe o CC/02. Em regra, nos termos do CC/02, o responsável pelas obrigações da SCP será o sócio ostensivo e, tal lógica, também é aplicável às obrigações tributárias. Assim, caberá o sócio ostensivo apresentar a declaração de rendimentos, apurar de resultados e realizar o recolhimento do imposto devido pela SCP.

Assim, a SCP será: (i) recolher o Imposto de Renda de Pessoa Jurídica, da Contribuição Social sobre o Lucro Líquido, do PIS/Pasep e da COFINS; (ii) realizar a entrega da Escrituração Contábil Digital - ECD ("ECD"); (iii) realizar a escrituração contábil de suas operações, em livros próprios ou do sócio ostensivo, devendo apresentar sua Escrituração Contábil Fiscal - ECF no Sistema Público de Escrituração Digital (SPED)[33]; e (iv) ser optante de algum regime de tributação, com exceção do Simples Nacional, ou seja, deverá optar pela tributação com base no Lucro Real ou no Lucro Presumido. Vale ressaltar que, caso o sócio ostensivo da SCP seja uma pessoa jurídica, como é caso deste estudo (*Startup*), a escolha do regime tributário da SCP não está vinculada ao regime tributário eleito pelo sócio ostensivo, pois são independentes.

No que tange a tributação dos resultados, a SCP deverá observar a tributação dos lucros, bem como deverá realizar a verificação da distribuição dos dividendos, nos termos do art. 7º, do Decreto-Lei nº 2.303, de 1986.

A regulamentação da tributação do Investidor Anjo no Brasil, dada pela IN nº 1719/2017, é mais objetiva e simplificada. Tal disposição determina que o Contrato de Participação será tributado com base nos rendimentos recebidos pelo Investidor Anjo. Neste caso, nos termos do § 2º, do art. 5º da IN 1719/2017, considera-se rendimentos a remuneração periódica a qual o Investidor Anjo faz jus, correspondente aos resultados distribuídos ao final de cada período e, também, o ganho no resgate do aporte.

[33] Esta obrigação está em linha com o que dispõe o art. 254, do Decreto nº 3000, de 26 de março de 1999, bem como com o art. 1º, da Instrução Normativa RFB nº 1422, de 19 de dezembro de 2013.

O Investidor Anjo poderá fazer resgate do aporte investido após decorrido o tempo mínimo de 02 (dois) anos ou o prazo superior, se assim for celebrado no Contrato de Participação. Entretanto, como mencionado anteriormente, referido resgate está limitado ao valor do aporte, corrigido por índice da inflação definido no referido instrumento. É o que dispõe o art. 4º, do dispositivo editado pela Receita Federal.

Nos termos do art. 5º, da IN 1719/20170, os rendimentos do investimento anjo sujeitar-se-ão à incidência do imposto de renda retido na fonte. Vejamos:

> Art. 5º Os rendimentos decorrentes de aportes de capital efetuados na forma prevista nesta Instrução Normativa sujeitam-se à incidência do imposto sobre a renda retido na fonte, calculado mediante a aplicação das seguintes alíquotas:
>
> I – 22,5% (vinte e dois inteiros e cinco décimos por cento), em contratos de participação com prazo de até 180 (cento e oitenta) dias;
>
> II – 20% (vinte por cento), em contratos de participação com prazo de 181 (cento e oitenta e um) dias até 360 (trezentos e sessenta) dias;
>
> III – 17,5% (dezessete inteiros e cinco décimos por cento), em contratos de participação com prazo de 361 (trezentos e sessenta e um) dias até 720 (setecentos e vinte) dias;
>
> IV – 15% (quinze por cento), em contratos de participação com prazo superior a 720 (setecentos e vinte) dias.
>
> (...)
>
> § 3º Os rendimentos periódicos produzidos pelo contrato de participação, serão submetidos à incidência do imposto sobre a renda retido na fonte por ocasião de seu pagamento, aplicando-se as alíquotas previstas neste artigo, calculado o prazo a partir da data do aporte.

Submete-se às mesmas alíquotas os rendimentos periódicos produzidos pelo Contrato de Participação, cujos quais significam para a base de cálculo a diferença positiva entre o valor do resgate e o valor do aporte do capital efetuado.

Também serão submetidos às alíquotas previstas no art. 5º os ganhos auferidos com a alienação da titularidade dos direitos do Contrato de Participação, nos termos do art. 6º. Para fins da IN 1719/2017, a Receita firmou, no § 3º, do art. 6º, o entendimento que se considera alienação qualquer forma de transmissão da propriedade dos direitos do aporte, inclusive a cessão do aporte. Neste sentido, a incidência do imposto de renda poderá ser um ponto relevante para decidir se válido ou não a transferência dos direitos permitidos na lei, caso o Investidor Anjo decide valer-se do art. 61-C, da LC 123/2006.

Caso o resgate de fundos de investimentos, a incidência do imposto de renda aplicável será os de fundo de investimentos regidos pela regra geral. Ainda, caso seja fundos de investimentos sob a forma de condomínio fechado, estes deverão observar o art. 16, da Instrução Normativa RFB nº 1.585, de 31 de agosto de 2015[34].

Conclusão

O investimento anjo, prática bastante utilizada mundo afora, mostra-se como um mecanismo importante a fim de preen-

[34] Art. 7º São dispensados de retenção do imposto sobre a renda os rendimentos e os ganhos líquidos ou de capital auferidos pelas carteiras dos fundos de investimentos que aportarem capital como investidores-anjo. § 1º Os resgates dos fundos de investimentos sujeitam-se à incidência do imposto sobre a renda na fonte aplicável aos fundos de investimentos regidos por norma geral. § 2º No caso de fundos de investimento constituídos sob a forma de condomínio fechado, que não admitem resgate de cotas durante o prazo de duração do fundo, devem ser observadas as regras estabelecidas no art. 16 da Instrução Normativa RFB nº 1.585, de 31 de agosto de 2015.

cher a lacuna no fomento à inovação das empresas nascentes, as *Startups*.

Primeiramente, buscamos definir o conceito de *Startup* e as suas principais formas de investimento, conforme seu ciclo de maturidade, quais sejam: *Seed Capital, Early Stage* e *Later Stage*. Cada um destes estágios tem determinados instrumentos de fomento à inovação aplicáveis que buscam alavancar as empresas nascentes.

Em seguida, adentramos no conceito do Investidor Anjo, o qual é normalmente utilizado nas *Startups* localizadas no *Early Stage*, logo no início da sua criação. O Investidor Anjo torna-se diferenciado dos demais aportes realizados neste estágio, pois, em regra, são investidores e executivos experientes que, além do recurso financeiro disponibilizado, também colocam à disposição do investido todo o seu conhecimento técnico e *networking*, a fim de a *Startup* melhorar com efetividade seu produto e/ou serviço, bem como conseguir uma rede de contatos objetiva ao crescimento econômico.

Referido instituto se tornou conhecido no Brasil recentemente pelos investidores, entretanto pouco disseminado, considerando algumas barreiras existentes no ordenamento jurídico e tributário brasileiro. A fim de fomentar o uso do investimento anjo, o Brasil editou em 2016 a Lei Complementar nº 155, que introduz os artigos 61-A, 61-B, 61-C e 61-D na Lei Complementar nº 123, de 2006, bem como pela edição da Instrução Normativa RFB nº 1719/2017, a qual regula os aspectos tributários aplicáveis ao Investidor Anjo. Referidos dispositivos incluem formalmente no ordenamento jurídico brasileiro a figura do Investidor Anjo, determinando regras específicas, tais como: alíquotas progressivas de tributação que incidirão sobre os resgates e remunerações do investimento anjo, bem como o instrumento jurídico específico para formalização do referido aporte: o Contrato de Participação.

Além de tais características, a lei também determina que os referidos aportes do investimento poderão ser feitos por pessoas físicas e por pessoas jurídicas, desde que sejam em empresas enquadradas como microempresa ou empresa de pequeno porte, bem como determina que o aporte realizado pelo investimento anjo não será contabilizado como capital social da empresa investida e, tampouco, integrará a receita da empresa para fins de enquadramento da empresa como microempresa ou empresa de pequeno porte.

Outro ponto importante trazido pela LC 155/2017 é que o Investidor Anjo não será considerado sócio da empresa e, tampouco, responsável solidário em nenhuma espécie de débito da empresa investida, tais como: dívidas trabalhistas, previdenciárias, tributários e não responderá em caso de falência da empresa investida.

Por fim e como núcleo deste estudo, buscou-se tecer brevemente comentários a respeito dos aspectos tributários do Contrato de Participação do investimento anjo face a outro instrumento jurídico disponível para formalização do referido aporte, qual seja, a Sociedade Em Conta de Participação.

Sob tal aspecto, no que tange ao Contrato de Participação, é possível identificar que as alíquotas progressivas que incidirão sob o resgate e as remunerações do Investidor Anjo são relativamente altas, se comparado com outros regimes tributários, já que variam de 15% para os contratos que tiverem prazo superior a 720 dias até 22,5% para os contratos que durarem 180 dias. Já no caso das Sociedade Em Conta de Participação, que passou a ter o registro obrigatório do CNPJ, seguirão estes o regime tributário do lucro real ou do lucro presumido, cujas alíquotas poderão ser mais benéficas se comparado ao Contrato de Participação. Ocorre que, um fator que poderá ser determinante na escolha da espécie de contrato a ser celebrado é que o aporte formalizado pela Sociedade Em Conta de Participação integrará o capital social e, a LC 123/2006 prevê que as empresas que tiverem como parte do seu capital social valores advindos de pessoas jurídicas, não poderão valer-se dos benefícios previstos no regime tributário do Simples Nacional.

Entretanto, em nenhum dos instrumentos o Investidor Anjo poderá ser responsabilizado pelas dívidas da *Startup*, desde que não exerça nenhum poder de voto ou de gerência da empresa investida, apenas realize eventuais fiscalizações.

Neste sentido, considerando tais afirmações, caberá ao Investidor Anjo e a investida decidirem juntos as estratégias que definirão o desenvolvimento da *Startup* e se, financeiramente, qual trará mais benefícios, já que no Contrato de Participação a remuneração do Investidor Anjo está limitada a 50% dos lucros da sociedade enquadrada como microempresa e empresa de pequeno porte.

Referências

ASSOCIAÇÃO BRASILEIRA DE PRIVATE EQUITY & VENTURE CAPITAL. **Consolidação de Dados da Indústria de Prive Equity e Venture Caital no Brasil – 2011, 2012, 2013, 2014, 2015 e 2016**. Publicado em 2017. Disponível em: <http://www.abvcap.com.br/Download/Estudos/3899.pdf>. Acesso em: 09 set. 2018.

ASSOCIAÇÃO BRASILEIRA DE STARTUPS. ***O que é uma startup? Tudo o que você precisa saber sobre startups***. Publicado em 05 jul. 2017. Disponível em: <https://abstartups.com.br/2017/07/05/o-que-e-uma-startup/>. Acesso em: 08 ago. 2018.

B3 S. A. – BRASIL, BOLSA, BALCÃO. **Foresee**. 2016. Disponível em: <http://www.b3.com.br/pt_br/b3/inovacao/foresee/>. Acesso em: 10 ago. 2018.

BANCO NACIONAL DO DESENVOLVIMENTO ECONÔMICO E SOCIAL. **Folheto de Apoio à Inovação. Publicado em 01 jun. 2017**. Disponível em: <https://www.bndes.gov.br/wps/wcm/connect/site/b077ab3c-1dc2-4a4b-8da6-eaad2e990fd7/FOLHETO-INOVACAO-BNDES-2017-06.pdf?MOD=AJPERES&CVID=lXN-ZbG>. Acesso em: 10 ago. 2018.

ESCRITÓRIO DE CONTABILIDADE BLUMENAU LTDA. **Simples Nacional | Investidor-Anjo fomentando inovação e invesmentos produ-**

tivos. Publicado em abr. 2018. Disponível em: <http://escoblu.com.br/capa.asp?infoid=5564>. Acesso em: 10 ago. 2018.

EVUS TECHNOLOGIES. **The Stages Of Startups Funding (with infographic)**. Publicado em 17 jan. 2017. Disponível em: <http://www.evus.com/blog/startup-funding-stages/>. Acesso em: 08 set. 2018.

Ingizza, C. **Contratos entre grandes empresas e startups crescem 194% no Brasil. Estudo de movimento 100 Open Startups analisou 408 empresas e mais 3 mil startups entre julho de 2015 e julho de 2017**. Jornal Estadão, São Paulo, 09 set. 2017. Disponível em <https://link.estadao.com.br/noticias/inovacao,contratos-entre-grandes-empresas-e-startups-crescem-194-em-2017,70002018249>. Acesso em: 10 ago. 2018.

Judice, L. P. **Notas sobre a possibilidade de uma optante pelo Simples Nacional constituir uma Sociedade Em Conta de Participação**. In: E. F. Nybo, & L. P. Judice, *Direito das Startups*, Curitiba, Paraná, Juruá Editora.

Lerner, J., & Schoar, A. ***Rise of the Angel Investor: A Challenge to Public Policy***. Publicado em set. 2018. Disponível em: <https://www.thirdway.org/report/rise-of-the-angel-investor-a-challenge-to-public-policy>. Acesso em: 24 set. 2018.

Mckaskill, T. **An Introduction to Angel Investing: a guide to investing in early stage entrepreneurial ventures**. Disponível em: <https://www.angelcapitalassociation.org/data/Documents/Resources/McKaskill-_Intro_to_Angel_Investing.pdf?rev=CF33>. Acesso em: 10 ago. 2018.

Nybo, E. F. **Memorando de Entendimentos para Pré-Constituição de Uma Startup**. Em E. F. Nybo, & L. P. Júdice, *Direito das Startups*. Curitiba, Paraná, Brasil: Juruá Editora, 2016.

PORTAL TERRA. **Em ambiente competitivo, startups brasileiras usam tecnologia para impulsionar negócios. Com soluções inteligentes, startups brasileiras movimentam a economia com projetos que reduzem custos e aumentam eficiência**. Publicado em 16 ago. 2018. Disponível em: <https://www.terra.com.br/noticias/dino/em-ambiente-competitivo-startups-brasileiras-usam-tecnologia-para-impulsionar-negocios,75697a16ff16ba35d98e3ba1f7dc413estbb8cbl.html>. Acesso em: 17 ago. 2018.

PROTEC – PRÓ INOVAÇÃO DA INDÚSTRIA BRASILEIRA. **Startups: Investidores-Anjo Brasileiros Investiram R$ 948 milhões em 2017**. Publicado em 22 ago. 2018. Disponível em: <http://protec.org.br/senai/36837/startups-investidores-anjo-brasileiros-investiram-r-984-milhoes-em-2017>. Acesso em: 23 ago. 2018.

Rele, A. **De-mystifiying start-up growth stages and terminoly**. Publicado em jul. 2015. Disponível em: <https://blogs.msdn.microsoft.com/aditeerele/2015/07/01/de-mystifying-start-up-growth-stages-and-terminology/>. Acesso em: 10 set. 2018.

Sohl, J. **The Angel Investor Market in 20016: The Angel Market continues steady growth**. Publicado em 2007. Disponível em: <https://paulcollege.unh.edu/sites/default/files/resource/files/2006-analysis-report.pdf>. Acesso em: 10 set. 2018.

Spina, C. **Investidor-Anjo: Guia prático para empreendedores e investidores**, 1ª Ed. São Paulo: nVersos, 2012.

Wiltbank, R.; Boeker, W. Returns to Angel Investors in Groups. SSRN Electronic Journal, 2007. Disponível em: <https://papers.ssrn.com/sol3/papers.cfm?abstract_id=1028592>. Acesso em: 10 set. 2018.

Legislação

BRASIL. Lei Complementar nº 155, de 27 out. 2016. Altera a Lei Complementar no 123, de 14 de dezembro de 2006, para reorganizar e simplificar a metodologia de apuração do imposto devido por optantes pelo Simples Nacional e outras avenças. *In* **Diário Oficial da União, Brasília, DF**, Publicado em de 27 set. 2016. Disponível em: <http://www.planalto.gov.br/ccivil_03/leis/lcp/Lcp155.htm>. Acesso em 08 ago. 2018.

_______. Lei Complementar nº 123, de 14 dez. 2006. Institui o Estatuto Nacional da Microempresa e da Empresa de Pequeno Porte e outras avenças. *In* **Diário Oficial da União, Brasília, DF,** Publicado em 15 dez. 2006. Disponível em: <http://www.planalto.gov.br/ccivil_03/leis/LCP/Lcp123.htm>. Acesso em 08 ago. 2018.

_______. Lei nº 6.404, de 15 dez. 1976. Dispõe sobre as Sociedades Anônimas. *In* **Diário Oficial da União, Brasília, DF**, Publicado em 15 dez. 1976. Acesso em 08 ago. 2018.

_______. Lei nº 10.406, de 10 jan. 2002. Institui o Código Civil. *In* **Diário Oficial da União, Brasília, DF**, Publicado em 11 jan. 2002. Disponível em: <http://www.planalto.gov.br/CCivil_03/leis/2002/L10406.htm>. Acesso em: 10 ago. 2018.

BRASIL. Receita Federal do Brasil. Instrução Normativa RFB nº 1.719, de 19 jul. 2017. Dispõe sobre a tributação relacionada às operações de aporte de capital de que trata o art. 61-A da Lei Complementar nº 123, de 14 de dezembro de 2006. *In* **Diário Oficial da União, Brasília, DF**, Publicado em 21 jul 2017, seção 1, p. 155. Disponível em: <http://normas.

receita.fazenda.gov.br/sijut2consulta/link.action?visao=anotado&idAto=84618>. Acesso em: 10 ago. 2018.

_______. Receita Federal do Brasil. Solução de Consulta DISIT/SRRF-10 nº 10024, de 22 jun. 2015. *In* **Diário Oficial da União, Brasília, DF**, Publicado 03 jul. 2015, seção 1, p. 40. Disponível em <http://normas.receita.fazenda.gov.br/sijut2consulta/link.action?visao=anotado&idAto=65795>. Acesso em: 10 ago. 2018.

_______. Receita Federal do Brasil. Instrução Normativa RFB nº 1774, de 22 de dezembro de 2017. Dispõe sobre a Escrituração Contábil Digital (ECD). *In* **Diário Oficial da União, Brasília, DF**, Publicado em 27 dez. 2017, seção 1, p. 45. Disponível em: <http://normas.receita.fazenda.gov.br/sijut2consulta/link.action?visao=compilado&idAto=88912#1839513>. Acesso em: 10 ago. 2018.

_______. Receita Federal do Brasil. Instrução Normativa RFB nº 1.634, de 06 mai. 2016. Dispõe sobre o Cadastro Nacional da Pessoa Jurídica (CNPJ). *In* **Diário Oficial da União, Brasília, DF,** Publicado em 09 mai. 2016, seção 1, p. 39. Disponível em: <http://normas.receita.fazenda.gov.br/sijut2consulta/link.action?idAto=73658>. Acesso em: 10 ago. 2018.

_______. Receita Federal do Brasil. Solução de Consulta COSIT nº 121, de 27 mai. 2014. *In* **Diário Oficial da União, Brasília, DF**, Publicado em 03 jun. 2014, seção 1, p. 36. Disponível em: <http://normas.receita.fazenda.gov.br/sijut2consulta/link.action?visao=anotado&idAto=52912>. Acesso em: 10 ago. 2018.

Aplicação do *Compliance* na Administração Pública

Matheus Lothaller Gianello

Introdução

Atualmente, prática cada vez mais adotada no mundo empresarial, o compliance é relativamente novo no cenário político e no contexto da Administração Pública. Em um passado próximo, na década de 60, ainda não havia qualquer regulamento para pontuar quais condutas eram proibidas em negociações.

Nesse cenário, ao descobrir casos gritantes de corrupção em várias negociações, os Estado Unidos da América redigiram aquele que é considerado o marco inicial do *compliance*, o *Foreign Corrupt Practices Act* ("FCPA") – uma lei federal norte-americana, publicada em 1977, visando o combate à corrupção transnacional por determinadas pessoas ou entidades relacionadas aos Estados Unidos.

No Brasil, apesar da história do País estar repleta de casos de corrupção desde os tempos do Império, e mesmo já considerado ilícito penal cometido por pessoa física, tivemos uma maior delonga na edição de normas que tipificassem e prevenissem as condutas corruptivas, inclusive provocando a responsabilidade objetiva de pessoas jurídicas, sendo que somente no ano de 2013 foi publicada a Lei nº 12.846, a chamada Lei Anticorrupção ou Lei da Empresa Limpa.

Superada introdução histórica, tem-se que todas as iniciativas que versam contra a corrupção se baseiam em leis nacionais e internacionais. Ao passo que garantem o mínimo punitivo, tais leis não adentram ao máximo na esfera preventiva.

Continuando o progresso das práticas anticorrupção, encontram-se os entes privados, que não contrariando as leis, podem expandir seus horizontes, implementando vasta gama de condutas que previnem a aproximação de seus agentes ao crime de corrupção.

As grandes empresas, em sua maioria, possuem ou estão em vias de implantar setor estruturado de *compliance*, demonstrando confiança e adotando práticas e políticas internas que visam assegurar que seus funcionários não corromperão ou serão corrompidos. Resta claro que métodos preventivos de combate à corrupção vêm sendo aplicados em maior proporção nas companhias privadas do que nos entes da Administração Pública.

Diante disso, ora, trata-se de uma grande controvérsia, pois temos o governo tipificando e punindo condutas corruptivas, mas não aplicando alguma prática preventiva. Como reflexo, é compreensível que haja o pensamento de que o governo brasileiro corrompe muito mais do que é corrompido. Em suma, há a percepção de que esfera privada está fazendo seu papel, mas que o Governo, que deveria ser o exemplo para sociedade, mostra-se cada vez mais corrupto. Isto posto, a urgência da aplicação de regras de *compliance* nos órgãos públicos é grande.

Já que se sabe da importância e do dever de sua aplicação, entretanto, ainda se mostra sombrio, aos olhos da sociedade, os motivos da demora para a implementação no Governo de programas de integridade.

A burocracia, os interesses políticos e os a grande demora envolvidos são apenas algumas travas que podemos pensar para justificar a lentidão na aplicação de novos projetos no poder público no Brasil. Não é possível listar todos os problemas do funcionalismo brasileiro, porém alguns entraves que se mostram latentes para a aplicação de políticas preventivas devem ser discutidos.

É necessária a criação de uma linha de raciocínio lógica, de modo a entender os elementos de aplicação do *compliance* em geral, e em seguida passando às dificuldades da aplicação nos órgãos governamentais em si.

Enfim, ao desenvolver a pesquisa por meio do método dedutivo, relata-se uma leitura sobre os aspectos fundamentais de um programa de integridade, uma interpretação aos olhos do Governo sobre as normas brasileiras que tratam sobre o assunto, bem como a busca de soluções sobre a aplicação do *compliance* nos mais diversos níveis da Administração Pública, dando atenção às iniciativas e projetos já existentes.

1. Elementos do *Compliance*

O *compliance* é considerado uma ótima ferramenta para assegurar que os padrões éticos e de boa conduta sejam aplicados no mundo dos negócios. Segundo os autores da obra *Compliance 360º*, a melhor definição para a palavra é:

> Um conjunto de regras, padrões, procedimentos éticos e legais que, uma vez definido e implantado, será a linha mestra que orientará o comportamento da instituição no mercado em que atua, bem como as atitudes de seus funcionários; um instrumento capaz de controlar o risco de imagem e o risco legal, os chamados 'riscos de compliance', a que se sujeitam as instituições no curso de suas atividades.[1]

[1] Candeloro, Ana Paula / Rizzo, Maria Balbina Martins De / Pinho, Vinícius. *Compliance* 360º. Trevisan; 2012.

Não importa o tamanho da organização, setor de atuação, estrutura ou cultura: os programas de *compliance*, mesmo com toda sua peculiaridade, sempre possuem os mesmos elementos fundamentais e indispensáveis. Conforme os autores Debbie Troklus e Sheryl Vacca[2], sete elementos podem definir se um programa *compliance* será eficiente ou não.

Para começar, o primeiro deles é estabelecimento de um padrão de condutas alinhado com todos os procedimentos e política interna da instituição. Podemos inclusive tratar este como o principal elemento, pois será o alicerce de todo o programa de conformidade a ser desenhado. Assim, é necessário entender a cultura da organização e as pessoas que lá trabalham, para assim desenvolver um modelo apropriado e alinhado com as características intrínsecas do órgão.

Criado o padrão de condutas aceitáveis, a divulgação se torna latente. Analisando o perfil das pessoas a serem alcançadas no programa, é de responsabilidade do órgão organizar treinamentos sobre o que se espera e assim promover a criação de uma nova cultura. Ressalta-se ainda que práticas de treinamentos presenciais são mais bem vistas, pois há maior ligação com público e eventuais dúvidas podem ser solucionadas de prontidão. Versões online são melhores em casos de testes de absorção da matéria explanada, posteriormente aos treinamentos presenciais.

É de suma importância ressaltar que tais políticas são aplicáveis a toda organização, independente do cargo ocupado e ainda demonstrar que a alta cúpula do poder da empresa está comprometida: é o chamado "*top-down*". O CEO de uma companhia ou o Prefeito de uma cidade têm que garantir a aplicação das condutas de *compliance* em sua rotina.

2 TROKLUS, Debbie; VACCA, Sheryl. International Compliance. How to build and maintain an effective compliance and ethics program. 1. ed. Minneapolis: SCCE, 2013

Plantadas as sementes para a criação da nova cultura, tem-se como segundo elemento a criação da posição do *Compliance Officer*, do comitê de *compliance* ou equivalente. Não é necessariamente precisa uma função de dedicação integral, a depender dos recursos disponíveis, e o tempo destinado ao assunto será reflexo do porte da organização. A posição terá grande importância, tornando-se o ponto focal de todo o programa, sempre com autoridade suportada pelo mais alto escalão da administração e com independência, como veremos abaixo.

A independência do C*ompliance Officer* e do Comitê de *compliance* é fundamental para o sucesso do programa. No entanto, ainda é comum que em várias organizações o responsável pelo setor de *compliance* esteja subordinado ao departamento jurídico ou ao departamento financeiro. Entretanto, acredita-se que quanto maior a sua independência, maiores serão chances de sucesso do programa, pois ao atrelar a função de *compliance* a uma diretoria de negócio pode acarretar em conflito de interesses, apresentando riscos à efetividade do programa.

Como terceiro elemento aparece a educação. Atrelada ao padrão de condutas, educar os funcionários a saber como agir em uma situação é primordial para o desenvolvimento de um *compliance* eficaz. Mais uma vez, resta demonstrada a importância dos treinamentos e palestras, sempre levando em consideração o perfil do público alvo.

Wilde Cunha Colares, em seu trabalho, exemplifica de forma clara e coesa, seguindo na mesma linha:

> Um bom projeto de treinamento deve utilizar todos os meios disponíveis para a transmissão do conhecimento necessário. É importante ter em mente que diferentes pessoas reagem de forma distinta a estímulos. Há aqueles que absorvem conhecimento mais facilmente sendo estimulados visualmente. Outros são fixam melhor quando a abordagem é sonora. Há também que se saia melhor com abordagens dinâmicas com isso de situ-

ações hipotéticas. Ou seja, é necessário ter consciência que para se atingir um grupo maior com o resultado esperado de absorção do conhecimento, um treinamento será mais eficaz se conseguir abordar os assuntos de diferentes formas.[3]

O próximo elemento de um programa de conformidade pode ser tratado em duas frentes. Tanto a auditoria quanto o monitoramento são métodos de importantes de controle, mas possuem características diferentes que contribuem para o sucesso do projeto. O monitoramento é um procedimento diário, que deve ser usado pelos agentes para o controle de aspectos operacionais. Já a auditoria torna-se uma ferramenta formal, a ser usada pontualmente e com escopo e critérios pré-definidos.

Na mesma linha, o reporte e a investigação são avaliados como quinto elemento fundamental para aplicação do projeto sendo que, neste ponto em especial, pode-se encontrar grandes obstáculos. Encorajar as denúncias espontâneas por colaboradores é de imensa importância para o real funcionamento do programa de *compliance* e combate às práticas ilegais e anticorrupção. Mais uma vez, demonstra-se estima aos treinamentos que, além de passar educação e cultura organizacional, devem deixar claro que os denunciantes de boa-fé não serão retaliados e eventualmente apurando a denúncia de forma anônima.

Da mesma forma, é dever do *Compliance Officer* colaborar para manutenção do sigilo e incentivar a denúncia espontânea, mantendo um canal aberto de comunicação, conseguindo maiores informações para evolução da investigação. Desta forma, garantindo a confidencialidade e a não retaliação, observa-se que o retorno ao colaborador quanto ao sucesso da investigação torna-se mais perceptível.

[3] COLARES, Wilde Cunha. Ética e compliance nas empresas de outsourcing 2014. 199 f. Monografia (Pós-graduação Lato Sensu em Direito – LLM) – Insper Instituto de Ensino e Pesquisa, São Paulo, 2014.

As medidas disciplinares são consideradas o sexto elemento fundamental. Não é possível crer no sucesso de um programa de *compliance* sem o incentivo à denúncia, e primordialmente, repreensões em caso de descumprimento das regras definidas. Desta sorte, nos treinamentos e políticas é recomendável que todas as medidas disciplinares possíveis sejam elencadas, bem como o modo que o descumprimento das normas será punido. Vale a ressalva que a falta de comunicação de alguma conduta também poderá ser repreendida. Este é um ponto muito importante, pois tais punições devem ser justas. O grau de seriedade da infração é deve ser considerado no momento da aplicação adequada da medida punitiva, sempre com transparência e lisura no processo de investigação.

É de bom tom entre os profissionais do *compliance* que a aplicação das penalidades seja feita de maneira gradual. Podemos citar como ordem natural a advertência verbal, seguida de advertência escrita, seguida da suspensão e finalmente demissão do colaborador. Com base na Consolidação das Leis do Trabalho[4], no Brasil a demissão pode ocorrer com ou sem justa causa, dependendo da gravidade da irregularidade verificada e força das provas obtidas. Em alguns países é comum a prática de multa, porém no Brasil essa sanção não é indicada de forma expressa. Como prática punitiva de caráter financeiro, tem-se visto a aplicação da perda do direito à bonificação ou premiação a que um teria direito.

Por último, mas não menos importante, o sétimo elemento de um programa de *compliance* é a prevenção e reação. A garantia para que todos os outros elementos pontuados sejam respeitados, e a demonstração que todo o esforço direcionado para a

[4] BRASIL. Decreto-Lei nº 5.452, 01 de maio de 1943. Casa Civil da Presidência da República. Disponível em: http://www.planalto.gov.br/ccivil_03/decreto-lei/Del5452.html. Acesso em 17 de março de 2019.

prevenção da corrupção está gerando resultados. Não basta a implementação de uma cultura e disponibilização de ferramentas se os casos denunciados não se mostram corrigidos. A credibilidade deve andar junto com o programa de conformidade.

Garantindo a lisura no programa de *compliance*, tem-se que esta iniciativa será de grande proveito para a organização, afastando ao máximo a possibilidade de corrupção.

Apresentados os sete elementos essenciais do *compliance*, o sucesso da implementação do programa de integridade será obtido respeitando as normas e seguindo a cultura organizacional. Nas empresas, a cultura é desenvolvida respeitando as metas internas estipuladas pelos responsáveis.

Já nas instituições do Governo, as orientações para execução e o monitoramento de seus programas de integridade são dadas por órgãos distintos, fazendo-se necessário o estudo das leis, portarias e instruções vigentes que permeiam o debate.

2. Fontes Normativas

Conforme citado anteriormente, a primeira norma brasileira que pondera os requisitos de um programa de *compliance* é a Lei Anticorrupção e o decreto que a regulamenta.

O momento de sua criação foi muito propício, entretanto até hoje não se consegue ter certeza de sua eficácia. Hoje, com o combate a corrupção ganhando forças a cada dia, temos grandes empresários e políticos de renome presos por crimes normatizados de forma clara pela Lei Anticorrupção.

Resta claro que, para chegarmos a este ponto, a cultura de conformidade nas companhias – e em menor escala no próprio Governo – se mostra em toda sua estrutura. Os problemas de implementação, que muitas vezes passam despercebidos, evidenciam cada vez mais ao ligarmos a televisão ou ouvirmos o rádio e notar o número de notícias sobre atos e casos corrupção pelo país.

Tais condutas não escolhem gênero, cor ou nacionalidade. Todos que participam de alguma negociação, em qualquer escala, estão sujeitos a praticar algum crime. Sabendo que esfera pública é a mais suscetível à corrupção, é necessária uma leitura da Lei Anticorrupção com os olhos daqueles que trabalham para o Estado, visando entender também a demora na aplicação de políticas preventivas.

O texto da Lei Anticorrupção apresenta problemas correlacionados à atividade do Estado, deixando em aberto a origem da corrupção. Exemplificando, segundo o artigo 5º da Lei:

> Art. 5º Constituem atos lesivos à administração pública, nacional ou estrangeira, para os fins desta Lei, todos aqueles praticados pelas pessoas jurídicas mencionadas no parágrafo único do art. lo, que atentem contra o patrimônio público nacional ou estrangeiro, contra princípios da administração pública ou contra os compromissos internacionais assumidos pelo Brasil, assim definidos[5]

Não há novas condutas tipificas na Lei Anticorrupção, mas ela traz à discussão algumas diretrizes novas quanto ao assunto de corrupção dentro Estado.

O artigo 7º da Lei versa sobre os mecanismos e procedimentos internos visando a integridade, relacionando ao elemento de auditoria e denúncia de irregularidades internas, estipulando e incentivando o uso de um código de conduta e ética.

> Art. 7º – Serão levados em consideração na aplicação das sanções:
>
> VIII – a existência de mecanismos e procedimentos internos de integridade, auditoria e incentivo à denúncia de irregularidades e a aplicação efetiva de códigos de ética e de conduta no âmbito da pessoa jurídica.

[5] BRASIL. Lei nº 12.846/2013, de 01 de agosto de 2013. Casa Civil da Presidência da República. Disponível em: <http://www.planalto.gov.br/ccivil_03/_ato2011-2014/2013/lei/l12846.htm. Acesso em 17 de março de 2019.

> Parágrafo único. Os parâmetros de avaliação de mecanismos e procedimentos previstos no inciso VIII do caput serão estabelecidos em regulamento do Poder Executivo federal.[6]

O mesmo artigo 7ª em seu Parágrafo Único, dispõe que um órgão do Estado irá avaliar por meio de parâmetros pré-estabelecidos se os programas de *compliance* realmente são efetivos, a ponto ensejar uma eventual redução na aplicação de uma pena. Atualmente, este órgão é a Controladoria Geral da União.

Curiosamente, também é a Controladoria Geral da União que tem a missão de implementar as medidas de *compliance* no setor público e, neste ponto em especial, nota-se a atualidade do tema abordado. Apenas em 25 de abril de 2018, por meio da Portaria número 1.089, o órgão estabeleceu as "orientações para que os órgãos e as entidades da administração pública federal direta, autárquica e fundacional adotem procedimentos para a estruturação, a execução e o monitoramento de seus programas de integridade"[7].

Na esfera governamental, o *compliance* muitas vezes é chamado de programa de integridade. Até agora, apenas a Controladoria Geral da União se manifestou com relação aos procedimentos de adoção das políticas anticorrupção para órgãos públicos. Em muitos outros órgãos da administração, em especial aqueles menores, ainda não se têm ideia da existência de tais programas, quanto menos de sua adoção.

São notórios o desejo popular e os benefícios da ampla adoção das práticas anticorrupção previstas na Lei. No entanto,

[6] BRASIL. Lei nº 12.846/2013, de 01 de agosto de 2013. Casa Civil da Presidência da República. Disponível em: <http://www.planalto.gov.br/ccivil_03/_ato2011-2014/2013/lei/l12846.htm. Acesso em: 17 de março de 2019.

[7] BRASIL. Portaria CGU 1.089/2018 disponível em: http://www.cgu.gov.br/noticias/2018/04/cgu-lanca-regulamentacao-para-programas-de-integridade-no-governo-federal/portaria-cgu-1089-2018-1.pdf

enquanto temos os programas de *compliance* sendo aderidos a todo vapor pelas empresas privadas há mais de uma década, o programa de integridade do Governo Federal brasileiro teve suas primeiras orientações divulgadas somente em 2018.

Superada a questão da demora em iniciar-se o programa, a referida Portaria da Controladoria Geral da União estipula metas e cria um passo-a-passo para que todos os órgãos do Governo Federal apliquem as ferramentas preventivas à corrupção. São três as fases para aplicação programa de integridade do Governo Federal, de acordo com o artigo 4º:

> Art. 4º Na primeira fase da instituição do Programa de Integridade, os órgãos e as entidades deverão constituir uma unidade de gestão da integridade, à qual será atribuída competência para:
>
> I – coordenação da estruturação, execução e monitoramento do Programa de Integridade;
>
> II – orientação e treinamento dos servidores com relação aos temas atinentes ao Programa de Integridade; e
>
> III – promoção de outras ações relacionadas à implementação dos planos de integridade, em conjunto com as demais unidades do órgão ou entidade.[8]

A primeira fase, findada apenas quinze dias após a publicação da referida Portaria, obrigava as entidades a apresentarem uma unidade de gestão, equivalente a um comitê de *compliance* nas empresas privadas. Esta unidade deve ter autonomia e acesso às demais unidades de um órgão e também ao mais alto nível hierárquico. Em outras palavras, seriam os *Compliance Officers* da Administração Pública.

[8] BRASIL. Portaria CGU 1.089/2018 disponível em: http://www.cgu.gov.br/noticias/2018/04/cgu-lanca-regulamentacao-para-programas-de-integridade-no-governo-federal/portaria-cgu-1089-2018-1.pdf

Neste ponto, vale a ressalva para a Casa Civil da Presidência da República, que por meio do Decreto nº 9.203, de 22 de novembro de 2017, instituiu o Comitê Interministerial de Governança – CIG, conforme mencionam os artigos 7º e 8º:

> Art. 7º Fica instituído o Comitê Interministerial de Governança – CIG, com a finalidade de assessorar o Presidente da República na condução da política de governança da administração pública federal.
>
> Art. 8º O CIG será composto pelos seguintes membros titulares:
>
> I – Ministro de Estado Chefe da Casa Civil da Presidência da República, que o coordenará;
>
> II – Ministro de Estado da Fazenda;
>
> III – Ministro de Estado do Planejamento, Desenvolvimento e Gestão; e
>
> IV – Ministro de Estado da Transparência e Controladoria-Geral da União.[9]

Analisando, tece-se uma crítica ao Comitê Interministerial de Governança, que atrelou a ele, mesmo que em fase embrionária, cargos com funções distintas, possibilitando a eventual ocorrência de desvio de finalidade, conforme citado no capítulo anterior.

Retomando a análise das fases de implementação pontuadas na Portaria da Controladoria Geral da União, o seu artigo 5º traz os elementos que compõem a segunda fase:

> Art. 5º Na segunda fase, os órgãos e as entidades deverão aprovar seus planos de integridade, contendo:

[9] BRASIL. Decreto 9.203/2017 disponível em http://www.planalto.gov.br/ccivil_03/_ato2015-2018/2017/decreto/D9203.html. Acesso em 17 de março de 2019.

I – os objetivos do plano;

II – a caracterização geral do órgão ou entidade;

III – as ações de estabelecimento das unidades de que trata o art. 6º desta Portaria e a forma de monitoramento do seu funcionamento; e

IV – o levantamento dos principais riscos para a integridade e as medidas para seu tratamento.[10]

Após a formação da unidade de gestão, os *Compliance Officers* públicos estruturaram um plano para aplicação de medidas preventivas nos respectivos órgãos, respeitando principalmente a (i) promoção da ética e de regras de conduta para servidores; (ii) promoção da transparência ativa e do acesso à informação; (iii) tratamento de conflitos de interesses e nepotismo; (iv) tratamento de denúncias; (v) verificação do funcionamento de controles internos e do cumprimento de recomendações de auditoria; e (vi) implementação de procedimentos de responsabilização[11]. Nesta segunda fase, restou clara a correlação desta aplicação com os elementos fundamentais do *compliance* discutidos no capítulo anterior.

Segundo a CGU, 195 órgãos públicos são obrigados a aderir às medidas preventivas editadas. Entretanto, além destes, 12 outros órgãos não obrigados também aderiram ao Programa de Integridade Nacional, como a Agência Brasileira de Inteligência e o Hospital de Clínicas de Porto Alegre.[12]

Na última fase, posterior à entrega do plano, tem-se como meta consolidar e ampliar o Programa de Integridade para todo o Governo, fornecedores e outras entidades correlacionadas.

[10] BRASIL. Portaria CGU 1.089/2018 disponível em: http://www.cgu.gov.br/noticias/2018/04/cgu-lanca-regulamentacao-para-programas-de-integridade-no-governo-federal/portaria-cgu-1089-2018-1.pdf

[11] Ibidem

[12] BRASIL. CGU. Painel de Integridade Pública. http://paineis.cgu.gov.br/integridadepublica/index.htm. Acesso em 17 de março de 2019.

> Art. 7º Na terceira fase, os órgãos e as entidades deverão iniciar a execução e o monitoramento de seu Programa de Integridade, com base nas medidas definidas pelos planos de integridade.
>
> Parágrafo único. Os órgãos e as entidades deverão buscar expandir o alcance de seu Programa de Integridade para as políticas públicas por eles implementadas e monitoradas, bem como para fornecedores e outras organizações públicas ou privadas com as quais mantenha relação.[13]

Estamos vivenciando a fase embrionária do *compliance* público no Brasil. Ao passo que estamos atrasados e temos um grande caminho a percorrer, a sociedade pode enxergar este começo como promissor. Nunca na esfera pública se falou tanto sobre medidas preventivas.

A Administração Federal já iniciou o Programa de Integridade, entretanto o brasileiro não é apenas influenciado por Brasília. Destarte, trazer o exemplo da CGU para outros órgãos, como Prefeituras, fará com que a sociedade perceba o comprometimento do funcionalismo público para o combate a corrupção.

3. Aplicação do *Compliance* Público

Demonstrada como terceira meta do desenvolvimento dos programas de integridade, a aplicação em todos os órgãos correlacionados aos Governo Federal é latente. Todos os entes públicos no Brasil, de certa forma, relacionam-se com Brasília, destarte, entende-se que esta última meta vale para todo o funcionalismo público.

Para sua aplicação, tem-se que cada organização possui suas regras e procedimentos próprios. Ao passo que a CGU, con-

[13] BRASIL. Portaria CGU 1.089/2018 disponível em: http://www.cgu.gov.br/noticias/2018/04/cgu-lanca-regulamentacao-para-programas-de-integridade-no-governo-federal/portaria-cgu-1089-2018-1.pdf

forme discutido, é a responsável por diretrizes do *compliance* público na esfera Federal, o incentivo aos órgãos correspondentes em outras esferas faz-se necessário para que essa cultura seja disseminada em todo território nacional.

Alguns órgãos já começaram a adotar este projeto. Grande exemplo é a Prefeitura Municipal de São Caetano do Sul, município referência no país em índices de desenvolvimento humano, onde foram iniciados os estudos por meio de iniciativa de Corregedoria Geral do Município, visando a absorção das normas federais de *compliance* ao ordenamento municipal.

Seria impossível analisar "caso a caso" a implementação dos programas de integridade, deste modo, embasado nos elementos fundamentais do *compliance* já discutidos, passa-se a discussão de como as medidas adotadas nas empresas, podem ser praticadas no Governo.

Primeiramente, nomeia-se algum colaborador para a posição de *compliance Officer*, ou alguns colaboradores para formar um comitê. Diferentemente do Comitê Interministerial de Governança do Governo Federal, quanto maior autonomia de outras funções, maior a chance de êxito do projeto.

Independentemente do órgão, basta a iniciativa da pessoa competente para realizar a nomeação dos responsáveis. Pessoas bem alinhadas com os objetivos da entidade, como funcionários da corregedoria ou jurídico, são os mais indicados para o trabalho.

Superada a criação do núcleo, o desenvolvimento de uma cultura organizacional é o segundo passo para a implementação do *compliance* público. Sabendo as diretrizes, a formalização de um código de conduta é uma ótima prática para enraizar os conceitos.

O código de conduta, ou código de ética, é uma medida vastamente adotada na maioria das empresas. Tendo em vista o cenário político brasileiro atual, além de um código aos colaboradores faz-se de real importância também a edição de um código específico para os membros do alto escalão governamental. O Tribunal de Contas da União, em seu manual de Governança para a Administração Pública, destaca a necessidade de condutas específicas dos membros do alto nível da administração.

> Os padrões de comportamento exigidos das pessoas vinculadas às organizações do setor público devem estar definidos em códigos de ética e conduta formalmente instituídos, claros e suficientemente detalhados, que deverão ser observados pelos membros da alta administração, gestores e colaboradores[14].
>
> (...)
>
> Adotar código de ética e conduta que defina padrões de comportamento dos membros do conselho de administração ou equivalente e da alta administração.
>
> Consiste em publicar código de ética e de conduta aplicável aos membros do conselho de administração ou equivalente, bem como aos membros da alta administração.
>
> Tal documento detalha valores, princípios e comportamento esperados; define tratamento de conflitos de interesses; estabelece a obrigatoriedade de manifestação e registro de aspectos que possam conduzir a conflito de interesse; e proíbe ou estabelece limites quanto ao recebimento de benefícios que possam influenciar ou parecer influenciar as ações dos membros de conselho e da alta administração.
>
> Além disso, o código de ética e de conduta define sanções cabíveis em caso de seu descumprimento; mecanismos de monitoramento e avaliação do seu cumprimento; e papéis e responsabilidades dos envolvidos no monitoramento e na avaliação do comportamento de seu público alvo.[15]

[14] IFAC. International Federation of Accountants. Good governance in the public sector: consultation draft for an international framework, 2013.

[15] Brasil. Tribunal de Contas da União. Referencial básico de governança aplicável a órgãos e entidades da administração pública / Tribunal de Contas

Ao pensar-se sobre a construção de um código de ética desta forma, esbarra-se em uma das piores características de um governo, a burocracia. Em uma Prefeitura, por exemplo, a criação de um código de conduta deverá ser feita por meio de lei específica. Posteriormente, seu funcionamento deverá ser estipulado em detalhes por um decreto regulamentador.

Do surgimento da ideia até a sua publicação, passar-se-á por vários requisitos formais e legais, implicando demasiada demora. Apesar disso, tem-se algumas iniciativas independentes da regulamentação proposta pela CGU que já surgem efeitos, como a edição de um Código de Conduta pelo Congresso Nacional[16] e Código de Conduta da Alta Administração de Campinas[17].

Para complementar o desenvolvimento da cultura de conformidade, como citado acima, cursos e treinamentos também fazem parte das novas práticas adotadas. Ao realizar os treinamentos, transmitem-se informações aos colaboradores, que "permitem identificar o que fazer, e porque fazer, numa determinada situação ou contexto"[18].

Desta sorte, passa-se a discussão de outro elemento, a educação. No governo brasileiro, talvez seja a educação um dos elementos mais críticos. As condutas esperadas pelo programa de conformidade estão muito distantes da realidade dos fun-

da União. Versão 2 – Brasília: TCU, Secretaria de Planejamento, Governança e Gestão, 2014. Página 43.

[16] BRASIL. Resolução nº 25 de 2001, que institui o Código de Ética e Decoro Parlamentar da Câmara dos Deputados. Disponível em https://www2.camara.leg.br/a-camara/estruturaadm/eticaedecoro/arquivos/Codigo%20de%20Etica%20da%20CD.pdf. Acesso em 17 de março de 2019.

[17] CAMPINAS. Decreto nº 17.405, de 22 de setembro de 2011. Disponível em http://www.campinas.sp.gov.br/uploads/pdf/1788308247.pdf.

[18] Brasil. Tribunal de Contas da União. Referencial básico de governança aplicável a órgãos e entidades da administração pública / Tribunal de Contas da União. Versão 2 – Brasília: TCU, Secretaria de Planejamento, Governança e Gestão, 2014. Página 41.

cionários públicos. O simples ato de informar o um presente de um fornecedor, por exemplo, ainda é algo completamente desconhecido, ressaltando a importância da edição de guias e políticas específicos e dos mais diversos tipos de treinamentos.

Na mesma linha, o monitoramento se mostra importantíssimo para a aplicação do *compliance* no ambiente de controle público. É com este elemento fundamental que os responsáveis pelo programa de integridade poderão averiguar se que as condutas esperadas estão sendo realizadas. Neste sentido, destaca-se a importância do *compliance officer* público ter acesso a todos os funcionários de maneira isenta e autônoma, incentivado pelo alto escalão do governo, neste caso, os políticos.

Tendo êxito no monitoramento das condutas, a prática do quinto elemento fundamental para aplicação de projetos de integridade pode se tornar mais fácil. A investigação das condutas nos moldes de *compliance* é muito interessante pois, quando pensamos em investigações internas no governo, logo já se pensa em condutas ilícitas já cometidas e apuradas por uma Comissão Parlamentar de Inquérito, por exemplo.

Em conjunto, as corregedorias são parceiras fundamentais para averiguar todas as condutas denunciadas, sendo que o corregedor tem a obrigação de verificar a legalidade dos atos administrativos praticados. Além disso, deve-se analisar também o contexto em que a conduta foi praticada pois, ainda que formalmente lícito, um ato praticado pode ser influenciado por condutas de outros agentes, que também deverão observar as eventuais políticas de *compliance*.

Como já explanado acima, a aceitação de novidades no Governo é sempre mais demorada. De certo, este ponto encontrará grande resistência em virtude do comodismo público.

Passando-se à análise do penúltimo elemento, as punições estipuladas em um Código de Conduta devem respeitar os requisitos da Lei nº 8.112/1990, que dispõe sobre as características do funcionário público. Na prática, não deveria ser um grande problema. Assim como na esfera privada as sanções aplicadas devem guardar respeito à CLT, no Governo estas deveriam respeitar alguns requisitos adicionais.

Por fim, mostrando-se que as denúncias efetivamente são investigadas, que as punições aplicadas são justas e que a cultura de conformidade está sendo disseminada e respeitada por todos os níveis hierárquicos, a garantia que o *compliance* público dará aos colaboradores verá reflexos também na sociedade.

É de se esperar que a aplicação efetiva de um programa de integridade nos órgãos governamentais brasileiros ajude a passar ao povo uma percepção que o funcionalismo público também está comprometido com a luta contra a corrupção.

Conclusão

Conforme demonstrado nos capítulos anteriores, o *compliance* é um grande aliado da sociedade para o combate à corrupção. São medidas que, se bem aplicadas, têm o condão de passar maior segurança e transparência à população.

O crescente interesse pelo tema não é algo novo e está cada vez mais em voga. Como exposto, iniciativas de melhoria da conduta organizacional existem tanto no setor privado quanto no público, estando inter-relacionadas e se complementando.

Ao passo que tais iniciativas se tornam cada vez mais comuns, ainda há a percepção que não existe um modelo completamente eficaz de prevenção à corrupção no poder político econômico.

A demora no início da aplicação de medidas preventivas à corrupção no governo brasileiro pode ser preocupante, mas já se veem avanços, considerando que as instruções para sua aplicação recentemente completaram um ano.

Neste contexto, tem-se necessária a valorização de todos os órgãos públicos que já colocam em prática algum padrão de conduta, dando lisura e transparência ao ato público.

Ao estudar os elementos fundamentais do *compliance* e os comparando com as diretrizes previstas em leis já existentes, pode-se notar que um programa de integridade para a esfera pública deverá seguir os mesmos princípios e parâmetros básicos que regem os programas de *compliance* privados, com alguma peculiaridade.[19]

Como exposto, os problemas do funcionalismo público brasileiro podem vir a se apresentar como um grande obstáculo para a adoção de práticas de conformidade que farão com que os órgãos de *compliance* públicos estejam na mesma página que os da esfera privada.[20] Ao passo em que se tentou explicitar alguns dos problemas da gestão governamental, não foi o escopo deste trabalho apresentar soluções. Ademais, dada a atualidade do tema, muitos problemas apenas aparecerão no decorrer da aplicação.

Desta sorte, procurou-se demonstrar que, ressalvadas as características negativas do funcionalismo público brasileiro, medidas preventivas à corrupção estão sendo discutidas e, em alguns casos, iniciadas as suas aplicações. Mesmo exemplificando possíveis senários de dificuldade, constitui como essencial para o bom desenvolvimento desta prática o apoio popular, bem como o interesse e conhecimento público.

Referências

BRASIL. CGU. *Painel de Integridade Pública.* http://paineis.cgu.gov.br/integridadepublica/index.htm. Acesso em 17 de março de 2019.

BRASIL. *Decreto 9.203/2017* disponível em http://www.planalto.gov.br/ccivil_03/_ato2015-2018/2017/decreto/D9203.html.

BRASIL. *Decreto-Lei nº 5.452, 01 de maio de 1943.* Casa Civil da Presidência da República. Disponível em: http://www.planalto.gov.br/ccivil_03/decreto-lei/Del5452.html.

[19] PETERS, B. G. A cybernetic model of governance. In: LEVI-FAUR, D. Oxford Handbook of Governance. Oxford: Oxford University Press, 2012.

[20] MATIAS-PEREIRA, J. Governança no setor público. São Paulo: Atlas, 2010.

BRASIL. *Lei nº 12.846/2013, de 01 de agosto de 2013.* Casa Civil da Presidência da República. Disponível em: <http://www.planalto.gov.br/ccivil_03/_ato2011-2014/2013/lei/l12846.htm.

BRASIL. *Portaria CGU 1.089/2018* disponível em: http://www.cgu.gov.br/noticias/2018/04/cgu-lanca-regulamentacao-para-programas-de-integridade-no-governo-federal/portaria-cgu-1089-2018-1.pdf.

BRASIL. *Resolução nº 25 de 2001,* que institui o Código de Ética e Decoro Parlamentar da Câmara dos Deputados. Disponível em https://www2.camara.leg.br/a-camara/estruturaadm/eticaedecoro/arquivos/Codigo%20de%20Etica%20da%20CD.pdf.

BRASIL. Tribunal de Contas da União. *Referencial básico de governança aplicável a órgãos e entidades da administração pública* / Tribunal de Contas da União. Versão 2 – Brasília: TCU, Secretaria de Planejamento, Governança e Gestão, 2014.

CAMPINAS. *Decreto nº 17.405, de 22 de setembro de 2011.* Disponível em http://www.campinas.sp.gov.br/uploads/pdf/1788308247.pdf.

Candeloro, Ana Paula / Rizzo, Maria Balbina Martins De / Pinho, Vinícius. *Compliance* 360º. Trevisan; 2012.

Colares, Wilde Cunha. *Ética e compliance nas empresas de outsourcing. 2014.* 199 f. Monografia (Pós-graduação Lato Sensu em Direito – LLM) – Insper Instituto de Ensino e Pesquisa, São Paulo, 2014.

IFAC. International Federation of Accountants. *Good governance in the public sector: consultation draft for an international framework,* 2013.

Matias-Pereira, J. *Governança no setor público.* São Paulo: Atlas, 2010.

Peters, B. G. A *cybernetic model of governance.* In: Levi-Faur, D. Oxford Handbook of Governance. Oxford: Oxford University Press, 2012.

Troklus, Debbie; Vacca, Sheryl. *International Compliance. How to build and maintain an effective compliance and ethics program.* 1. ed. Minneapolis: SCCE, 2013.

Da Responsabilidade Civil dos Diretores Jurídicos nas Tomadas de Decisões Empresariais sob a Ótica da *Business Judgment Rule* no Brasil

Paulo Henrique Wilson

Introdução

Com a crescente participação dos Diretores Jurídicos nas tomadas de decisões organizacionais sobre temas que extrapolam o campo do Direito, mostra-se necessária a análise dos limites de suas responsabilidades ao subsidiarem tais ações emitindo opiniões legais ou ainda de caráter negocial, lastreada em eventual formação voltada à atuação empresarial.

Esta realidade é cada vez mais visualizada no âmbito das organizações empresariais, especialmente considerando as novas exigências do mercado com relação ao perfil dos advogados que nelas atuam, passando do modelo tradicional de mero emissores de pareceres técnicos para o dos profissionais que efetivamente compreendem o modelo de negócio da empresa e, sobretudo, assumem todos os riscos inerentes às escolhas selecionadas conjuntamente com os demais tomadores de decisões.

Dentro desta perspectiva, a oferta e frequência de advogados em cursos e eventos em áreas de interesse contíguo ao Direito tais como Administração, Contabilidade, Economia e Recursos

Humanos é perceptível e proporcional aos níveis exigidos pelo atual mercado de trabalho.

Contudo, à medida em que a atuação dos Diretores Jurídicos em assuntos decisórios se eleva, surge a grande problemática pela qual mais frequentemente passarão tais profissionais, qual seja, a dos limites de suas responsabilidades frente as opiniões legais e/ou administrativas expressadas e relacionadas à atividade empresarial.

Para tanto, buscaremos dar base à conclusão a partir de breves ensaios a respeito do perfil do novo advogado no que se refere à sua formação e principais *skills* exigidos pelo mercado para atender os interesses de seus *stakeholders* internos; verificar ainda como tem sido a dinâmica da atuação destes profissionais no âmbito empresarial; e quais são as previsões legais das responsabilidades dos Diretores Jurídicos a partir da análise do Código Civil, do Estatuto da Advocacia e a Ordem dos Advogados do Brasil ("EAOAB") e da Lei das Sociedades Anônimas.

Trataremos, por fim, da possibilidade da conduta ensejadora de eventual responsabilidade civil ao Diretor Jurídico ser avaliada sob a ótica da *business judgment rule*, instituto americano que aos poucos vem sendo aplicado em julgamentos de condutas empresariais no judiciário brasileiro e em órgãos de regulação e controle como a Comissão de Valores Mobiliários e o Tribunal de Contas da União, efetuando ainda sobrevoo em decisões proferidas pelo Tribunal de Justiça de São Paulo, pela já citada CVM e pelo TCU, tudo enfrentado como verdadeiro desafio por se tratar de tema ainda pouco explorado.

O presente trabalho foi desenvolvido sobre a metodologia da revisão bibliográfica de pouquíssimas obras sobre temas correlatos, artigos científicos publicados por autores de reconhecida expressão no âmbito jurídico e julgados colegiados (judiciais e administrativos) dos últimos dez anos, tendo a verdadeira intenção de ao menos servir de norte àqueles que busquem um início de conhecimento a respeito da efetiva aplicação da *business judgment rule* na casuística, de modo a estimular e contribuir, ainda que sensivelmente, com o crescimento das organizações empresariais de nosso país, frente a segurança jurídica que a análise circunstancial através do prisma das regras do negócio pode proporcionar.

1. O Perfil do Novo Advogado

Modernamente, os departamentos jurídicos das organizações empresariais têm passado por uma fase de transição do antigo modelo de área estritamente consultiva e contenciosa, para um departamento que subsidia as demais áreas, assumindo riscos conjuntamente, visando a elevação do senso de responsabilidade, participação no processo empresarial e atingimento dos resultados.

Conforme observou Flávio Franco, em artigo publicado na obra Direito dos Negócios Aplicados, citando Lara Selem e Leonardo Barém Leite, o principal elemento motivador deste processo transformacional foi o advento da Lei *Sarbanes-Oxley*, em 2002, também conhecida como SOX, lei norte-americana considerada um divisor de águas na gestão corporativa, onde dirigentes, advogados e auditores também foram pessoalmente obrigados pela norma:

> (...) o principal objetivo da SOX foi aperfeiçoar os controles financeiros das empresas ao exigir transparência e eficiência especialmente das áreas fiscais e de controladoria (a chamada "governança corporativa"), buscando assim evitar fraudes que em passado recente geraram graves prejuízos a milhares de investidores.[1]

[1] Franco, Flávio. Desafios da Gestão Jurídica nas Empresas. In :Medeiros Neto, Elias Marques, Adalberto Simão Filho (Coordenação). **Direito dos negócios aplicados, volume III : dos direitos conexos.** São Paulo : Almedina, 2016. p. 45.

Referido movimento se alastrou mundialmente, vindo a atingir as organizações empresariais brasileiras, as quais passaram a adotar ou ainda a se pautar pelos padrões internacionais, o que forçosamente exigiu dos profissionais do direito, especialmente dos advogados, o desenvolvimento de competências e obrigações totalmente distintas daquelas antes necessárias, fazendo com que os gestores das empresas entendessem de forma mais clara a necessidade de um suporte jurídico qualificado, crescendo assim, a demanda por profissionais cada vez melhor preparados[2].

Segundo o citado autor, o advogado interno tem a obrigação de se tornar um especialista no *core business* da organização em que atua, principalmente para responder e oferecer suas impressões quando interpelado a respeito de determinado assunto, ainda que para casos mais específicos tenha que se socorrer de advogados externos, conforme se verifica no texto abaixo reproduzido:

> É obrigação do advogado interno tornar-se especialista no ramo de atividade da companhia para quando consultado, poder de pronto oferecer suas impressões, mesmo que, dependendo da complexidade ou relevância da matéria, tenha que buscar uma segunda opinião ou aprofundar o estudo para um posicionamento mais detalhado. Em outras palavras, o advogado interno, em especial nas corporações que adotam o modelo de Departamento Jurídico "enxuto", deve preferencialmente ter perfil generalista, mas ao mesmo tempo, pleno conhecimento das implicações técnicas do negócio ("*business*") da empresa e do setor econômico em que ela atua.[3]

Por esta razão, segundo o autor, até mesmo os tradicionais mestrados e doutorados acadêmicos possuem hoje um peso relativizado, exatamente porque o mercado corporativo vem

[2] Ibid., p. 46

[3] Franco, op. cit., p. 47

exigindo diferentes habilidades dos profissionais do Direito, não diminuindo, é claro, a importância do conhecimento técnico, mas sim visando complementar o currículo do advogado[4], conforme segue:

> O advogado se vê "forçado", sob o risco de ter seu progresso na empresa restringido, a tratar de questões que exigem diferentes competências, vez que sua atuação extrapola os limites puramente jurídicos. Dentre muitos exemplos, envolve-se com planejamento estratégico, gestão de pessoas, relações públicas, sustentabilidade, facilitação de negócios, gestão de riscos, contabilidade e políticas empresariais ("*Compliance*"). Relaciona-se com as demais áreas da empresa, com o mercado consumidor, com investidores, com parceiros comerciais, com a imprensa, com fornecedores e concorrentes.[5]

E resume:

> Objetivamente, o atual cenário demanda do advogado corporativo domínio do negócio e da cultura organizacional, além de uma destacada habilidade para a "fusão de funções". Em outras palavras, o advogado passa a atuar como um executivo da empresa, comprometido, cobrado e (devendo ser) bonificado pelos resultados da mesma.[6]

Não à toa, atualmente se vê com grande frequência a oferta e a presença de profissionais do Direito em áreas extrajurídicas, em que o discurso da opção pela realização de tais programas é uníssono, qual seja, a necessidade profissional de complementar o conhecimento técnico das áreas de toque do Direito, tais como Administração, Contabilidade, Economia, dentre outras.

[4] Franco, op. cit., p. 48

[5] Franco, 2016, loc. cit.

[6] Franco, 2016, loc. cit.

Corroborando esta constatação, o resultado publicado no Anuário Análise Executivos Jurídicos e Financeiros das maiores empresas do Brasil do ano de 2018, demonstra que 33% dos Diretores Jurídicos pesquisados são formados em programas de MBA[7], superando, inclusive, o percentual daqueles que possuem o título de Mestrado[8], o que exterioriza a tendência na formação destes profissionais.

Não diferente afirma FLÁVIO FRANCO ao expressar que desconhece um Diretor Jurídico de qualquer grande empresa que não tenha em seu currículo um curso MBA ("*Master in Business Administration*") ou que não seja fluente em uma ou duas línguas estrangeiras[9].

Em síntese, o perfil do novo advogado corporativo ou ainda daqueles que de alguma forma funcionem como *outsourced*, deve ser pautado pela frequente atualização profissional, aliada ao interesse de se aprofundar no conhecimento em matérias que ultrapassem os limites do raciocínio jurídico, ser obstinado e ter o incansável desejo de melhorias, visando, conforme acima verificado, a necessária atuação cooperada com as demais áreas das organizações empresariais em que labora.

2. Da Participação nas Tomadas de Decisões Empresariais

Nos dizeres de FLÁVIO FRANCO, para que o advogado possa melhor se integrar à empresa e participar de seu centro decisório, faz-se necessária a plena compreensão dos aspectos jurídicos e operacionais de sua atividade econômica[10].

[7] A sigla MBA vem do inglês *Master in Business Administration* e visa aprofundar de forma considerável os conhecimentos técnicos de gestores que já possuem base sólida dos conceitos fundamentais a respeito dos negócios.

[8] ANÁLISE EDITORIAL. **Executivos jurídicos e financeiros das maiores empresas do Brasil.** 2018. São Paulo, 2018.

[9] Cf. nota 4.

[10] FRANCO, op. cit., p. 52

Isto porque, continua o autor, é cada vez mais frequente o Departamento Jurídico se reportar ao órgão máximo da administração da empresa (Presidência, Conselho de Administração, matriz no exterior, etc.), e finalmente sendo tratado – e cobrado – como "unidade de negócios" dentro do organograma corporativo, com a tendência de deixar de ser uma mera via de passagem de informações entre executivos e escritórios de advocacia, e passe a assumir de forma independente o comando da estratégia jurídica da empresa, inclusive com a ocupação de um lugar permanente no *board* diretivo[11].

Antonio Carlos Siqueira da Silva relata que o jurídico e seus integrantes são partes importantes desse organismo vivo que é a empresa e devem participar ativamente dos seus processos organizacionais e do seu planejamento estratégico para alinhar os processos internos da área jurídica aos da empresa[12], complementando que:

> Partindo dessa missão atual do jurídico, ou seja, compreendendo a área jurídica como uma área importante para o desenvolvimento dos negócios e da organização, tanto no que diz respeito à identificação e avaliação de riscos e cenários quanto para a propositura de soluções seguras, objetivas e inovadoras, e não como uma área meramente reativa e destinada apenas a elaborar pareceres artificiais, longas defesas e contratos burocráticos, está claro que o jurídico atual não pode ficar restrito àquelas estruturas tradicionais arcaicas usualmente utilizadas.[13]

[11] Franco, op. cit., p. 46 e 54

[12] Silva, Antonio Carlos Siqueira. Gestão Estratégica do Jurídico. In: Boranga, Anna Luiza, Simone Viana Salomão (Coordenação). **Direito, Gestão e Prática: administração legal para advogados**. São Paulo : Saraiva : Fundação Getúlio Vargas, 2009. p. 179

[13] Silva, op. cit. p. 182.

E conclui:

> Neste sentido, a meu ver, as áreas internas do jurídico deverão ser organizadas tendo em vista os principais processos que envolvem os negócios usualmente realizados pela empresa. De fato, o conhecimento do negócio e dos processos estratégicos da empresa constitui-se em um diferencial importante e obrigatório para o advogado interno.[14]

E é dentro desta realidade que surgem os primeiros questionamentos a respeito das responsabilidades que podem recair sobre os Diretores Jurídicos ao emitirem opiniões legais para os negócios. Estaria a responsabilidade adstrita aos aspectos legais do negócio realizado ou alcançaria os prejuízos decorrentes da decisão negocial? Quais parâmetros são objetivamente utilizados na análise da conduta? Haveria, com o devido respeito, capacidade técnica a pronto emprego do julgador para exteriorizar sua conclusão a partir da análise das circunstâncias do negócio? Sob quais regramentos tais profissionais podem se ancorar para que atuem de forma mais segura?

Estabelecidos estes singelos questionamentos, passamos a verificar as previsões legais que podem ser utilizadas para a responsabilização dos Diretores Jurídicos.

3. Das Previsões Legais para Responsabilidade Civil do Diretor Jurídico

Passo importante para investigar a forma que um Diretor Jurídico pode ser responsabilizado por suas opiniões legais é a análise da responsabilidade civil a que os advogados são submetidos, vez que referida função é privativa aos inscritos nos quadros da Ordem dos Advogados do Brasil, conforme será explorado na subseção sequente.

[14] Cf. nota 12.

Nos dizeres de CARLOS ROBERTO GONÇALVES, a responsabilidade do advogado é puramente contratual, consistindo, de modo geral, em defender as partes em juízo e dar conselhos profissionais, respondendo pelos erros de fato e de direito cometidos no desempenho do mandato, sendo necessário que o erro em si se revista de gravidade, para conduzir à responsabilidade do advogado.[15]

Como exemplo, o autor cita que o advogado poderá responder pela emissão de parecer desautorizado pela doutrina ou pela jurisprudência, induzindo o cliente a uma conduta desarrazoada, que lhe tenha acarretado prejuízos.[16]

E alerta:

> Quem exerce certa profissão deve-se comportar – de certos parâmetros exigidos para o ofício. O desvio desses parâmetros, ao ocasionar danos, interessa ao dever de indenizar. A presunção a ser seguida é que qualquer pessoa que exerça uma profissão deve conhecer os meandros necessários para fazê-lo a contento.[17]

Sobre o mesmo tema, SÍLVIO DE SALVO VENOSA classifica como complexa a questão a respeito da responsabilidade do advogado pelo sucesso da causa nos pareceres e opiniões legais, concluindo que o exame concreto deve seguir a regra geral, ou seja, de que o advogado deve responder quando comete erro crasso e injustificável, portanto, com culpa.[18]

Realizadas as devidas mutações, não diferente é a avaliação da responsabilidade dos advogados públicos pareceristas,

[15] Conforme: GONÇALVES, Carlos Roberto, 1938- **Direito civil brasileiro, volume IV : responsabilidade civil** / Carlos Roberto Gonçalves. – 4. ed. rev. – São Paulo : Saraiva, 2009. p.253

[16] GONÇALVES, op. cit. p. 254

[17] Conforme: VENOSA, Sílvio de Salvo. **Direito civil: responsabilidade civil** / Sílvio de Salvo Venosa. – 8 ed. – São Paulo : Atlas, 2008. p. 259.

[18] Cf. nota 11.

os quais, conforme expôs AMANDA LOUISE RAMAJO CORVELLO BARRETO, em artigo intitulado "A responsabilização do parecerista na jurisprudência dominante e no Novo CPC: análise crítica" publicado na Revista Jurídica da Procuradoria do Estado do Paraná, conclui que:

> Para fins de responsabilização do Advogado Público, as jurisprudências do Supremo Tribunal Federal e do Tribunal de Contas da União, como adiante se demonstrará, têm se inclinado a considerar que o parecer emitido nos termos do art. 38, parágrafo único da Lei n. 8.666/93, é vinculante, caracterizando-se como hipótese de responsabilidade solidária com o administrador público **em caso de culpa em sentido lato ou erro grosseiro.** [19]

Neste ponto, interessante mencionar que nos termos do artigo 3º, §1º, do EAOAB, os advogados públicos se submetem tanto ao próprio estatuto mencionado quanto ao regime jurídico a que estejam subordinados.

Como exemplo, podemos citar as regras complementares a que os membros da Advocacia Geral da União estão submetidos, quais sejam: o artigo 27, da Lei Complementar 73, de 10 de fevereiro 1993 (Lei Orgânica da Advocacia Geral da União) combinada com os artigos 121 e seguintes, da Lei 8.112, de 11 de fevereiro de 1990, que preveem, dentre outros aspectos, que o servidor responderá civil, penal e administrativamente pelo exercício irregular de suas atribuições, decorrentes de ato omissivo ou comissivo, doloso ou culposo que resulte em prejuízo ao erário ou a terceiros.

[19] BARRETO, Amanda Louise Ramajo Corvello. A responsabilização do parecerista na jurisprudência. **Revista Jurídica da Procuradoria-Geral do Estado do Paraná**, Curitiba, n. 8, p. 65-93, 2017. Grifo nosso. Disponível em: **<http://www.pge.pr.gov.br/arquivos/File/revista_2017/AresponsabilizacaodoparceristaCPC.pdf.>** Acesso em: 09/09/2018.

De maneira geral, a responsabilização dos profissionais do direito que atuam tanto na iniciativa privada como na pública – e que emitem opiniões legais com carga relevante para subsidiar as condutas adotadas pelos destinatários – se revestem de semelhante regra no que tange à verificação do elemento qualitativo da opinião expressada, regra esta aferida *in concreto* a partir da média da opinião qualificada que os demais profissionais do direito emitiriam nas mesmas circunstâncias, observadas as peculiaridades próprias do regime a que cada um esteja subordinado.

Feita a presente conclusão, passaremos a verificar quais dispositivos positivados na legislação brasileira servem de fundamento para eventual responsabilização dos Diretores Jurídicos, especialmente os que atuam nas empresas privadas.

3.1. Constituição Federal

Sendo o advogado indispensável à administração da justiça, a limitação da inviolabilidade de seus atos e manifestações no exercício da advocacia vem devidamente prevista no artigo 133, da Constituição Federal, sendo esta norma de eficácia contida, ou seja, possui aplicabilidade integral, plena e imediata, mas que pode ter seu alcance reduzido pela atividade futura do legislador[20], o que de fato já tem sido disciplinado por ordenamentos infraconstitucionais.

Nos dizeres de Paulo Bonavides, Jorge Miranda e Walber de Moura Agra, quanto à inviolabilidade do advogado, por seus atos e manifestações profissionais, nos limites da lei, esta visa o livre desempenho das funções no exercício do sagrado direito de defesa[21].

[20] Temer, Michel. Elementos de Direito Constitucional. São Paulo: Malheiros. 1990. p. 27

[21] Bonavides, Paulo. Comentários à Constituição Federal de 1988. Rio de Janeiro: Forense, 2009. p.1.668

E acrescenta:

> ...tal inviolabilidade não é absoluta, já que inexistem direitos e garantias absolutos no ordenamento constitucional pátrio. É imprescindível relação de pertinência entre o ato e ou a manifestação com as atribuições do advogado, não alcançando os desvinculados do exercício profissional, da mesma forma, os abusos não devem ser tolerados e os limites são estabelecidos pela lei.[22]

Extrai-se, deste modo, que o exercício profissional dos advogados, em quaisquer das funções que estejam vinculados, encontra limitações que, se ultrapassadas, ensejarão responsabilidades no âmbito administrativo, civil e penal, quer isolada ou conjuntamente.

3.2. Do Estatuto da Advocacia e a Ordem dos Advogados do Brasil

O Estatuto da Advocacia e a Ordem dos Advogados do Brasil determina em seu artigo 1º, II, que as atividades de direção jurídica são privativas da advocacia, cujo exercício só poderá ser realizado (artigo 3º, EAOAB[23]) pelos inscritos na OAB.

Referido entendimento foi reforçado por ocasião da realização da 597ª sessão da Turma de Ética Profissional da Ordem dos Advogados do Brasil Seccional São Paulo em 22 de setembro de 2016[24], cuja ementa assim ficou definida:

[22] Bonavides. op. cit. p. 1.669.

[23] Art. 3º O exercício da atividade de advocacia no território brasileiro e a denominação de advogado são privativos dos inscritos na Ordem dos Advogados do Brasil (OAB)

[24] Tribunal de Ética da Ordem dos Advogados do Brasil – Seccional São Paulo – E-4.697/2016 – v.u, em 22/09/2016, do parecer e ementa do Rel. Dr. Zanon de Paula Barros – Rev. Dr. Eduardo Perez Salusse – Presidente Dr. Pedro Paulo Wendel Gasparini. Grifo nosso.

DIRETORIA JURÍDICA – SINDICATO – FUNÇÃO PRIVATIVA DE ADVOGADO.

As funções de direção e assessoramento jurídico **em qualquer entidade são privativas de advogado obviamente devidamente inscrito na OAB. Quem exerce as funções de Diretor Jurídico, independentemente da denominação que se lhe dê, deve obrigatoriamente estar inscrito na OAB como advogado,** sob pena de, não tendo a inscrição, estar exercendo ilicitamente função privativa de advogado, nos termos do art. 1º, inciso II, da Lei 8.906/94.

Superada essa remansosa questão, já no artigo 32, o mesmo Estatuto informa que o advogado é responsável pelos atos que, no exercício profissional, praticar com dolo ou culpa, de modo que, nos dizeres de Sílvio de Salvo Venosa, o advogado responde, em princípio, por erro de fato no desempenho de seu mister e por erro de direito quando ocorrer culpa, devendo, para a caracterização do dever de indenizar, que o erro seja grave, inescusável e lesivo.[25]

Ademais, na hipótese analisada no presente trabalho, considerando que o Diretor Jurídico em regra possui relação de emprego com a organização em que trabalha, com a possibilidade de figurar como Diretor Estatutário, sua responsabilidade será analisada também nos termos do supracitado artigo 32, sem embargos da manutenção de sua isenção técnica e independência profissional.[26]

[25] Venosa, op. cit. p.263.

[26] Art. 18. A relação de emprego, na qualidade de advogado, não retira a isenção técnica nem reduz a independência profissional inerentes à advocacia.

3.3. Da Lei das Sociedades Anônimas e do Duplo Alcance das Normas de Responsabilização Civil dos Diretores Jurídicos

Nos termos do artigo 145, da Lei 6.404/76, as normas relativas, dentre outros, a deveres e responsabilidade dos administradores, aplicam-se aos conselheiros e diretores, nestes incluindo o Diretor Jurídico, se existente dentro do organograma da empresa.[27]

Dentro destas premissas, analisando a citada lei, CAMILA MARTINELLI SABONGI e LUIS ANTÔNIO SOARES HENTZ, bem descrevem as atribuições e responsabilidades tanto do Conselho de Administração como da Diretoria – órgãos que compõem o sistema da duplicidade na administração das companhias – como daqueles que os integram, informando o que segue:

> O Conselho de Administração consiste em órgão colegiado de decisão, facultativo na companhia, com exceção das companhias de capital aberto, das sociedades de capital autorizado e das de economia mista. A Lei societária, visando uma dinâmica mais ágil nas companhias, atribui algumas das competências, originalmente conferidas à assembleia geral, ao Conselho de Administração.
>
> O Conselho de Administração tem sua importância embasada em sua função de conciliar os interesses dos acionistas detentores do poder de controle e daqueles que compõem a minoria de investidores do mercado. Em outras palavras, por não possuir personalidade jurídica, em suas deliberações não prevalece o voto de capital, mas sim o voto de cada conselheiro, independentemente da quantidade de ações de que seja proprietário.

[27] Lei 6.404/76 – Art. 145. As normas relativas a requisitos, impedimentos, investidura, remuneração, deveres e responsabilidade dos administradores aplicam-se a conselheiros e diretores.

> Nos termos do art. 142 da Lei das Sociedades Anônimas, constata-se que o Conselho de Administração constitui um órgão deliberativo e fiscalizador, uma vez que orienta, de forma geral, a condução dos negócios sociais e fiscaliza a atuação dos diretores
>
> A Diretoria, por sua vez, é outro órgão responsável pela administração, sendo obrigatória nas sociedades anônimas. São atribuídos a este órgão os poderes de decisão, os quais são distribuídos entre os diretores de acordo com as disposições estatutárias da companhia. Os diretores cumprem suas funções estatutárias individualmente, salvo nos casos em que o Estatuto Social estabelece *quórum* especial para a apreciação de matéria específica.
>
> Os diretores são responsabilizados pessoalmente pelos atos praticados no exercício de suas funções, com exceção ao caso de *quórum* especial citado anteriormente.
>
> A Diretoria é, em sua essência, um órgão de representação legal da companhia e de execução das deliberações da Assembleia Geral e do Conselho de Administração. Sendo assim, os diretores não só administram o negócio social, mas também manifestam a vontade da sociedade. Ressalta-se, ainda, que o referido poder de representação da companhia é exclusivo da Diretoria.[28]

Adiante, na sequência dos artigos da lei em comento, o regramento impõe ao administrador da companhia (podendo ser lido como "ao Diretor Jurídico") o dever de empregar no exercício de suas funções, o cuidado e diligência que todo homem ativo probo costuma empregar na administração de seus pró-

[28] Conforme: Sabongi, Camila Martinelli; Hentz, Luis Antônio Soares. Business judgment rule no direito societário brasileiro. Revista de Direito Bancário e do Mercado de Capitais. Revista dos Tribunais, vol. 73. (Julho – Setembro 2016). Disponível em: <http://www.mpsp.mp.br/portal/page/portal/documentacao_e_divulgacao/doc_biblioteca/bibli_servicos_produtos/bibli_boletim/bibli_bol_2006/RDBancMecCap_n.73.08.PDF>. Acesso em: 30/07/2018 (Paginação da versão eletrônica difere da versão impressa).

prios negócios, visando sempre atingir os fins e interesses da companhia, inclusive com a satisfação das exigências do bem público e da função social da empresa.[29]

Na mesma esteira, o artigo 155, da já citada lei exige que o administrador sirva a companhia com lealdade, trazendo nos incisos subsequentes, quais atos são vedados pelo ocupante da função.

No artigo 157, atribui ao administrador o dever de informar, sem restrições, todos os aspectos relevantes que importem em consequências à companhia, visando, conforme se extrai da análise dos subsequentes parágrafos e itens.

Nota-se que a Lei das Sociedades Anônimas, nos artigos acima citados, consignou as premissas relativas aos deveres que o administrador deverá observar na condução dos atos negociais (diligência, lealdade e transparência), sem os quais poderá ser responsabilizado pelos prejuízos que causar à companhia quando agir com culpa ou dolo dentro de suas atribuições ou ainda com violação da lei ou do estatuto.[30]

Surge então a possível responsabilização do Diretor Jurídico a partir de dois regramentos distintos e complementares, a saber: o Estatuto da Advocacia e a Ordem dos Advogados do Brasil e Lei das Sociedades Anônimas.

Isto porque na hipótese do Diretor Jurídico ser elevado à posição de administrador, passará, por óbvio, a se submeter às regras existentes e direcionadas a esta função, nos termos da Lei mencionada no presente capítulo, além de criar a possibilidade de sofrer as consequências administrativas decorrentes de eventual conduta desidiosa classificada como infração disciplinar ou violação ética.

Assim, diante do caso concreto, havendo o quórum legal para distribuição da competente ação de responsabilização dos

[29] Conforme: BRASIL, 1976. artigo 153 e 154, da Lei 6.404/76.

[30] Conforme: BRASIL, 1976. artigo 158, da Lei 6.404/76.

administradores, chega-se à hipótese investigada no presente trabalho, no sentido de verificar a possibilidade da responsabilização do Diretor Jurídico pela emissão de opinião legal ou ainda pela participação na tomada de decisão que tenha levado à organização empresarial a contabilizar prejuízos para si própria ou a terceiros seja analisada sob a ótica da *business judgment rule*.

4. Da *Business Judgment Rule* e sua Aplicação no Brasil

Na hipotética situação exposta ao final do capítulo anterior, a companhia poderia acionar judicialmente o administrador (conselheiro e/ou diretor) com a finalidade de responsabilizá-lo pelos prejuízos causados ao seu patrimônio.

Contudo, o artigo 159, §6º, da Lei das Sociedades Anônimas[31], traz a possibilidade de o juiz reconhecer a exclusão da responsabilidade do administrador, se convencido de que este agiu de boa-fé e visando ao interesse da companhia, ou seja, se observou os deveres impostos pela lei na condução dos negócios.

Do que se extrai, quis o legislador, com esta previsão, inserir no direito nacional a possibilidade da aplicação da *business judgment rule* do direito americano, considerando que a análise da questão não se dá sobre o resultado em si, mas sim sobre as circunstâncias negociais verificadas à época da decisão.

Didaticamente, conforme citado por Mariana Pandgler, a formulação mais influente desta regra se deu pela consagrada decisão da Suprema Corte de Delaware no caso *Aronson vs. Lewis* em que:

> ...A *business judgment rule* cria a presunção *juris tantum* de que "ao tomar uma decisão empresarial, os membros do *board of directors* de uma sociedade anônima agiram de maneira informada, de boa-fé e na crença sincera de que a sua ação atendia ao melhor interesse da companhia. A fim de afastar esta presunção e via-

[31] Conforme: Brasil, 1976. artigo 158, da Lei 6.404/76.

> bilizar a ação de responsabilidade, incumbiria ao demandante demonstrar a violação aos deveres fiduciários de diligência (*duty of care*) e lealdade (*duty of loyalty*). Caso a presunção oriunda da *business judgment rule* não seja afastada, os administradores apenas poderão ser responsabilizados mediante prova de que a decisão em questão envolve manifesto desperdício dos recursos da sociedade (*waste of corporate assets*) e é desprovida de qualquer base racional – requisitos estes extremamente rigorosos e de difícil caracterização no caso concreto.[32]

Ou seja, toda conduta empresarial, inicialmente e sob a ótica do direito norte-americano é isenta de responsabilidade face a presunção *juris tantum* da *business judgment rule*, no sentido de que aquelas decisões foram tomadas nos melhores interesses da própria organização. Apenas em situação oposta (verificação da ausência de boa-fé) a responsabilização é aplicável, se verificado que "o agente fiduciário intencionalmente age com objetivo outro que não o de promover o melhor interesse da companhia, quando o agente fiduciário age com a intenção de violar o direito positivo aplicável, ou quando intencionalmente, deixa de agir em face de um conhecido dever de agir, demonstrando uma desconsideração consciente de seus deveres".[33]

[32] Conforme: PARGENDLER, Mariana. Responsabilidade Civil dos Administradores e *Business Rule* no Direito Brasileiro. **Revista dos Tribunais**, vol. 953/2015, p. 51-74, mar. 2015, DTR\2015\1540. Disponível em: https://revistadostribunais.com.br/maf/app/resultList/document?&src=rl&srguid=i0ad82d9b00000165d4d0a1dea39f0519&docguid=Ib3b83270b2b711e48601010000000000&hitguid=Ib3b83270b2b711e48601010000000000&spos=3&epos=3&td=4&context=17&crumb-action=append&crumb-label=Documento&isDocFG=false&isFromMultiSumm=&startChunk=1&endChunk=1. Acesso em: 23/02/2018 (Paginação da versão eletrônica difere da versão impressa).

[33] PARGENDLER, op. cit., (Paginação da versão eletrônica difere da versão impressa)

Nacionalmente, a citada autora afirma que o artigo 159, §6º, consagra verdadeira *business judgment rule* à brasileira, pois a similitude guardada com a *business judgment rule* americana reside sobretudo na *ratio* comum de tutelar as decisões empresariais tomadas de forma honesta e bem intencionada, ainda que venham a se mostrar prejudiciais ou equivocadas posteriormente, pelas razões identificadas à exaustão pela doutrina e jurisprudência norte-americanas.[34]

E arremata adiante:

> Em resumo: com base em técnica legislativa adequada à tradição jurídica nacional, foi consagrada norma que atua como equivalente funcional da *business judgment rule*. Trata-se, na percuciente lição de Ascarelli, da 'fungibilidade do instrumento jurídico relativamente ao fim econômico'[35]

Em igualmente relevante lição, RENATO VILELA, em análise do Recurso Especial 1.349.233, da 4.ª Turma do Superior Tribunal de Justiça, julgado em 06/11/2014, de Relatoria do Ministro LUIS FELIPE SALOMÃO, comenta, citando ADAMEK, que:

> A *business judgment rule* constitui uma regra norte-americana de origem jurisprudencial, pela qual os tribunais têm-se recusado a sindicar o mérito das decisões tomadas pelos administradores no desempenho de suas tarefas. Por ela, os tribunais limitam-se a verificar se, diante das particularidades do caso concreto, a decisão tomada pelos administradores resultou de um processo decisório razoável e bem informado (*reasonable decision making process*), mas sem apreciar o mérito da decisão em si, ou seja, sem verificar se a decisão tomada foi a mais consentânea, ressalvados,

[34] Ibid. (Paginação da versão eletrônica difere da versão impressa)

[35] Cf. nota 26.

é claro, os casos de decisões evidentemente equivocadas (ADAMEK, 2009, p. 129)".[36]

Mais à frente, o autor cita os critérios que o julgador norte americano utiliza para identificar a possibilidade da aplicação da *business judgment rule*, dentre os quais se revelam a decisão informada, a decisão refletida e a decisão desinteressada, contrapondo que tais métricas encontram ressonância na legislação brasileira, especificamente nos artigos 152 e 153, da Lei das Sociedades Anônimas, concluindo pela recepção e aplicabilidade do instituto.[37]

[36] Conforme: VILELA, Renato. **Revista dos Tribunais.**, vol. 956/2015, p. 377, jun. 2015, JRP\2014\5927. Disponível em: https://revistadostribunais.com.br/maf/app/resultList/document?&src=rl&srguid=i0ad6adc500000165d6480481a6d6ba5b&docguid=I4e24e490fb9f11e4bc46010000000000&hitguid=I4e24e490fb9f11e4bc46010000000000&spos=3&epos=3&td=3&context=22&crumb-action=append&crumb-label=Documento&isDocFG=false&isFromMultiSumm=&startChunk=1&endChunk=1. Acesso em: 23/02/2018 (Paginação da versão eletrônica difere da versão impressa).

[37] IN: VILELA, op. cit., (Paginação da versão eletrônica difere da versão impressa): Levando em conta que o julgamento da decisão tomada pelo administrador é feito a posteriori e no momento da análise existem elementos de resultado disponíveis ao julgador, desconhecidos ao tempo da tomada da decisão, a maneira encontrada pelo Poder Judiciário americano de analisar tal ato sem adentrar no mérito ou resultado é o de preocupar-se apenas com o processo que levou até a decisão questionada. Desta forma, os critérios desenvolvidos pela jurisprudência norte-americana com vistas à aplicação da BJR foram apurados em três: a decisão do administrador deve ser (i) informada, (ii) refletida e (iii) desinteressada (CVM, 2005, § 31). Para cada um dos pontos entende-se:
"(i) Decisão informada: A decisão informada é aquela na qual os administradores basearam-se nas informações razoavelmente necessárias para tomá-la. Podem os administradores, nesses casos, utilizar, como informações, análises e memorandos dos diretores e outros funcionários, bem como de terceiros contratados. Não é necessária a contratação de um banco de investimento para a avaliação de uma operação;
(ii) Decisão refletida: A decisão refletida é aquela tomada depois da análise das diferentes alternativas ou possíveis consequências ou, ainda, em cotejo com a

Como citado nas notas introdutórias, interessante destacar que a Comissão de Valores Mobiliários – CVM, tem aplicado já há algum tempo a *business judgment rule* em alguns casos, o que atrai os olhares da comunidade jurídica para a investigação do tema, em razão de ser incipiente, como por exemplo no Processo Administrativo Sancionador – CVM Nº RJ2008/9574[38], em que os acusados foram absolvidos de suposta infração ao dever de diligência, conforme as seguintes resumidas razões:

> A atividade econômica seria seriamente prejudicada se o sistema judiciário e o regulador passassem o tempo todo julgando as ações dos administradores *ex-post*. É muito fácil apontar que uma decisão foi errada olhando pelo retrovisor do tempo. Mas a essência do mundo dos negócios é tomar riscos. É aplicar o conjunto de informações e crenças que se apresentam em um determinado momento para decidir sobre fatos que gerarão efeitos sobre o futuro da companhia, futuro sobre o qual ninguém tem o controle. É o mercado quem deve corrigir erros reiterados de julgamento da administração, quando tomados de boa-fé, e no que era percebido pela administração da companhia como o melhor para esta. Cabe aos participantes do mercado e aos acionistas removerem administradores, reduzirem sua remuneração, e mesmo

documentação que fundamenta o negócio. Mesmo que deixe de analisar um negócio, a decisão negocial que a ele levou pode ser considerada refletida, caso, informadamente, tenha o administrador decidido não analisar esse negócio; e (iii) Decisão desinteressada: A decisão desinteressada é aquela que não resulta em benefício pecuniário ao administrador. Esse conceito vem sendo expandido para incluir benefícios que não sejam diretos para o administrador ou para instituições e empresas ligadas a ele. Quando o administrador tem interesse na decisão, aplicam-se os standards do dever de lealdade (duty of loyalty)" (CVM, 2005, § 31).

[38] BRASIL. Comissão de Valores Mobiliários. Processo Administrativo Sancionador. CVM Nº RJ2008/9574. Relatora: Ana Dolores Moura Carneiro de Novaes. Rio de Janeiro. 27 nov. 2012. Disponível em: <http://www.cvm.gov.br/export/sites/cvm/sancionadores/sancionador/anexos/2012/20121127_PAS_RJ20089574.pdf.>. Acesso em: 04 jul. 2018.

castigarem o preço das ações de uma companhia por decisões, tomadas de boa-fé e no interesse da companhia, mas que se apresentaram errôneas *ex-post*.

Se as decisões estivessem sempre sob o escrutínio dos reguladores, os administradores e as companhias tomariam decisões não pensando na companhia, mas em como não serem processados. Evidentemente, a inovação, o empreendedorismo, o crescimento econômico e o emprego seriam negativamente afetados.(...)

Concluo pela absolvição dos Defendentes Verônica Valente Dantas, Eduardo Penido Monteiro, e Maria Amália Delfim de Melo Coutrim da acusação de infração ao dever de diligência disposto no art. 153 da Lei nº 6.404/1976.

Ademais, Gustavo Tavares Borba, por ocasião do julgamento do Procedimento Administrativo Sancionador – CVM 07/2012, ponderou que ao julgador cabe analisar as circunstâncias negociais que orbitaram os fatos analisados, de modo que:

> (...) por todas essas circunstâncias e conforme doutrina da *business judgment rule* (aplicável por analogia aos gestores de recursos), **afigura-se importante, no exame do dever de diligência, apurar e analisar o processo de tomada da decisão que culminou em determinado negócio, e não o seu mérito propriamente dito**, a fim de evitar que a CVM se imiscua em papel que não lhe é próprio, substituindo-se aos agentes econômicos responsáveis pelas decisões negociais, o que poderia gerar efeitos colaterais nefastos, como o afastamento de bons profissionais do mercado e o próprio engessamento de sua atuação, por receio de posterior responsabilização administrativa.[39]

[39] BRASIL. Comissão de Valores Mobiliários. Processo Administrativo Sancionador. CVM Nº RJ07/2012. Relator: Gustavo Tavares Borba. Rio de Janeiro. 06 mar.2018. Grifo nosso. Disponível em: < http://www.cvm.gov.br/export/sites/cvm/noticias/anexos/2018/20180306_voto_DGB_Quality.pdf.>. Acesso em: 07 jul. 2018.

De extremo interesse pontuar que a aplicabilidade da *business judgment rule* já foi utilizada pelo Tribunal de Contas da União a exemplo da auditoria realizada na Petrobras a respeito dos prejuízos contabilizados com o encerramento antecipado dos projetos das refinarias Premium I (Estado do Maranhão) e II (Estado do Ceará), com prejuízo contábil de aproximadamente R$ 2,8 bilhões.

Em seu elogiável relatório, o auditor observou a possibilidade da aplicação da *business judgment rule*, mas frente a constatação de que os deveres inerentes aos administradores previstos na Lei das S.A (e acima comentados) não foram atendidos, afastou sua aplicação, nos termos que seguem:

> 98. Assim, o descumprimento dos deveres impostos ao administrador pela Lei das Sociedades Anônimas pode derrubar a presunção da *business judgement rule*, que existe para isentar o administrador de responsabilidade, no caso da ocorrência de prejuízo resultante de ato regular de gestão. Conforme se mostrou, a inobservância desses deveres também pode caracterizar infração grave perante a Comissão de Valores Mobiliários, sujeitando o gestor às penalidades de suspensão do exercício de administrador ou cassação de autorização ou registro para as atividades reguladas pela CVM.
>
> 99. Trazendo a questão para o campo de atuação deste Tribunal, em se tratando de sociedades de economia mista controladas pela União, como a Petrobras, um ato de gestão passível de responsabilização com base no supracitado art. 158 da Lei 6.404/1976 é também plenamente passível de enquadramento no art. 43, inciso II, da Lei 8.443/1992. Trata-se, outrossim, de irregularidade quanto à legitimidade ou economicidade de ato administrativo, sobre o qual não existe excludente de culpabilidade, que, no caso, seria a *business judgement rule*.[40]

[40] BRASIL. TC-004.920/2015-5.Natureza: Auditoria. Interessado: Tribunal de Contas da União. Unidade: Petróleo Brasileiro S.A. (Petrobras). Mecanismo de

Por outro viés, classificado como verdadeiro marco doutrinário, o Desembargador Vito Guglielmi, do Tribunal de Justiça de São Paulo, em voto proferido, afastou a aplicação da *business judgment rule* no caso ali *sub judice*, já que havia sido configurada a fraude dos administradores que buscavam o ressarcimento por parte da seguradora, tendo em vista que deixaram de informar, quando da assinatura da proposta, que já haviam sido condenados em processos administrativos por infração aos deveres de cuidado e lealdade (*duties of care and loyalty*), destacando que:

> No âmbito dos contratos de seguro de responsabilidade empresarial e sobre o específico tema da *business judgment rule*, a australiana Annette Greenhow (The Statutory Business Judgment Rule: putting the wind mto directors' sails, in Bond Law Review, n°. 11, vol 1, Queensland, Bond University, p. 46), sustenta que a boa-fé é pressuposto mesmo para o emprego da mencionada regra como parâmetro de avaliação da gestão empresarial. Em outras palavras, havendo má-fé na conduta do dirigente sequer pode ter lugar a aplicação da *business judgment rule*.
>
> (...)
>
> Essencial, portanto, que lições do direito comparado sejam colacionadas, para igualmente definir e delimitar a incidência ou não, no caso específico, delas bem por isso mesmo que doutrina se debruça sobre essas cláusulas.[41]

busca de julgados do Tribunal de Contas da União. Disponível em: < http://www.tcu.gov.br/Consultas/Juris/Docs/judoc/Acord/20151109/AC_2824_44_15_P.doc>. Acesso em: 13 mar. 2019.

[41] BRASIL. Tribunal de Justiça de São Paulo. Improcedência do pedido de pagamento de seguro por responsabilidade do administrador. Apelação Com Revisão 9103221-02.2007.8.26.0000. Relator: Desembargador Vito Guglielmi. São Paulo, 11 dez. 2008. **Mecanismo de busca de jurisprudência do Tribunal de Justiça de São Paulo**, São Paulo, set. 2018. Disponível em: <https://esaj.tjsp.jus.br/cjsg/getArquivo.do?conversationId=&cdAcordao=3396747&cdForo=0

Como verificado, a aplicação da regra da *business judgment rule* no direito brasileiro é perfeitamente cabível evidenciando um ainda incipiente movimento de análise das condutas empresariais sob este ponto de vista no âmbito da CVM e do TCU.

No entanto, igual movimento ainda não encontra ressonância no Poder Judiciário, cuja pesquisa resultou negativa com relação a casos que tivessem se valido do instituto para solucionar litígios como os aqui exemplificados.

De qualquer modo, infere-se que o objetivo mediato da *business judgment rule* (ainda que não apresentada com esta nomenclatura em nosso sistema legal) no sentido de revestir os tomadores de decisões com maior segurança em suas atuações, tem crescido a cada dia, melhorando assim o ambiente jurídico para fomentar o desenvolvimento dos negócios no Brasil.

Conclusão

No decorrer do presente trabalho, verificamos que o atual cenário empresarial brasileiro exige dos profissionais que atuam *in house*, a busca constante pelo aperfeiçoamento técnico e periférico sobre as atividades operacionais da organização a que pertencem, em especial, pelo crescimento da participação dos Diretores Jurídicos nas tomadas de decisões das organizações empresariais.

A possibilidade dos Diretores Jurídicos no Brasil terem a responsabilidade excluída diante de um caso concreto em razão da aplicação da regra da *business judgment rule* é concreta, bastando, para tanto, que os atos que praticarem sejam revestidos de prévia diligência, lealdade e informação voltados aos melhores interesses da empresa, tudo baseado na premissa de que a formação interdisciplinar que devem buscar, os credencia para tanto.

&uuidCaptcha=sajcaptcha_9f7f3ff9c4ad4cada409b4f8e4b0efb1&vlCaptcha=afv&novoVlCaptcha=> .Acesso em: 09 set. 2018.

Baseado nesta constatação, estes poderão tomar decisões mais livremente, a partir de riscos calculados, inclusive sobre as possíveis consequências próprias da responsabilidade civil, trazendo consistência e segurança aos seus atos visando única e exclusivamente o atingimento das metas organizacionais.

No entanto, dado ao duplo alcance das normas de responsabilização civil dos Diretores Jurídicos no Brasil, as condutas destes profissionais deverão também ser analisadas sob o prisma do Direito Civil em observância à regra trazida pelo EAOAB, respondendo pelos atos praticados com dolo ou culpa no exercício da profissão, desde que o erro seja grave, inescusável e lesivo.

Por fim, denotasse a necessidade da realização de trabalho mais aprofundado sobre a matéria tendo em vista o baixíssimo volume de julgados encontrados, principalmente com relação a eventuais responsabilizações de Diretores Jurídicos, o que, de certa forma, representa um indicativo da boa qualidade do trabalho desenvolvido por estes em suas respectivas empresas de atuação ou a inexistência de casuísticas dada a relativamente recente participação destes profissionais nas tomadas de decisões empresariais.

Referências

ANÁLISE EDITORIAL. **Executivos jurídicos e financeiros das maiores empresas do Brasil.** 2018. São Paulo, 2018

BARRETO, Amanda Louise Ramajo Corvello. A responsabilização do parecerista na jurisprudência. **Revista Jurídica da Procuradoria-Geral do Estado do Paraná**, Curitiba, n. 8, p. 65-93, 2017. Disponível em: <http://www.pge.pr.gov.br/arquivos/File/revista_2017/Aresponsabilizacaodo-parceristaCPC.pdf.> Acesso em: 09/09/2018.

Comentários à Constituição Federal de 1988 / coordenadores científicos: Paulo Bonavides, Jorge Miranda, Walber de Moura Agra; coordenadores editoriais: Francisco Bilac Pinto Filo, Otávio Luiz Rodrigues Júnior: – Rio de Janeiro: Forense, 2009.

FRANCO, Flávio. Desafios da Gestão Jurídica nas Empresas. In : MEDEIROS NETO, Elias Marques, Adalberto Simão Filho (Coordenação). **Direito dos negócios aplicados, volume III : dos direitos conexos.** São Paulo: Almedina, 2016.

GONÇALVES, Carlos Roberto, 1938- **Direito civil brasileiro, volume IV: responsabilidade civil** / Carlos Roberto Gonçalves. – 4. ed. rev. – São Paulo : Saraiva, 2009

PARGENDLER, Mariana. Responsabilidade Civil dos Administradores e *Business Rule* no Direito Brasileiro. **Revista dos Tribunais, vol. 953/2015, p. 51-74, mar. 2015, DTR\2015\1540.** Disponível em: <https://revistadostribunais.com.br/maf/app/resultList/document?&src=rl&srguid=i0ad82d9b00000165d4d0a1dea39f0519&docguid=Ib3b83270b2b711e48601010000000000&hitguid=Ib3b83270b2b711e48601010000000000&spos=3&epos=3&td=4&context=17&crumb-action=append&crumb-label=Documento&isDocFG=false&isFromMultiSumm=&startChunk=1&endChunk=1.> Acesso em: 23/02/2018.

SABONGI, Camila Martinelli; HENTZ, Luis Antônio Soares. Business judgmente rule no direito societário brasileiro. **Revista de Direito Bancário e do Mercado de Capitais. Revista dos Tribunais, vol. 73. (Julho – Setembro 2016).** Disponível em: <http://www.mpsp.mp.br/portal/page/portal/documentacao_e_divulgacao/doc_biblioteca/bibli_servicos_produtos/bibli_boletim/bibli_bol_2006/RDBancMecCap_n.73.08.PDF> Acesso em: 30/07/2018.

SILVA, Antonio Carlos Siqueira. Gestão Estratégica do Jurídico. In: BORANGA, Anna Luiza, Simone Viana Salomão (Coordenação). **Direito, Gestão e Prática: administração legal para advogados**. São Paulo : Saraiva : Fundação Getúlio Vargas, 2009.

TEMER, Michel. **Elementos de Direito Constitucional**. São Paulo: Malheiros. 1990. p. 27

VENOSA, Sílvio de Salvo. **Direito civil: responsabilidade civil** / Sílvio de Salvo Venosa. – 8. ed. – São Paulo : Atlas, 2008.

Legislação e Jurisprudência

BRASIL. Constituição (1988). **Constituição da República Federativa do Brasil de 1988**. 5 out. 1988. Brasília, DF. Disponível em: http://www.planalto.gov.br/ccivil_03/constituicao/constituicaocompilado.htm>. Acesso em: 05. mai. 2018.

BRASIL. Lei nº 6.404, de 15 de dezembro de 1976. Dispõe sobre as Sociedades por Ações. **Diário Oficial da União**, em 17 dez. 1976. Brasília, DF. Disponível em: <http://www.planalto.gov.br/ccivil_03/leis/L6404compilada.htm>. Acesso em: 05 mai. 2018

BRASIL. Lei nº 8.112, de 11 de dezembro de 1990. Dispõe sobre o regime jurídico dos servidores públicos civis da União, das autarquias e das fundações públicas federais. **Diário Oficial da União**, em 19 abr. 1991. Brasília, DF. Disponível em: <http://www.planalto.gov.br/ccivil_03/LEIS/L8112cons.htm>. Acesso em: 14 mar. 2019.

BRASIL. Lei nº 8.906, de 4 de julho de 1994. Dispõe sobre o Estatuto da Advocacia e a Ordem dos Advogados do Brasil (OAB). **Diário Oficial da União**, em 5 jul. 1994. Brasília, DF. Disponível em: <http://www.planalto.gov.br/ccivil_03/leis/L8906.htm>. Acesso em: 07 mai. 2018.

BRASIL. Lei Complementar 73, de 10 de fevereiro de 1973. Institui a Lei Orgânica da Advocacia-Geral da União e dá outras providências. **Diário Oficial da União**, em 11 fev. 1993. Brasília, DF. Disponível em: < http://www.planalto.gov.br/ccivil_03/LEIS/LCP/Lcp73.htm> Acesso em: 15 mar. 2019.

BRASIL. Comissão de Valores Mobiliários. Processo Administrativo Sancionador. **CVM Nº RJ2008/9574**. Relatora: Ana Dolores Moura Carneiro de Novaes. Rio de Janeiro. 27 nov. 2012. Disponível em: <http://www.cvm.gov.br/export/sites/cvm/sancionadores/sancionador/anexos/2012/20121127_PAS_RJ20089574.pdf.>. Acesso em: 04 jul. 2018.

BRASIL. Comissão de Valores Mobiliários. Processo Administrativo Sancionador. **CVM Nº RJ07/2012**. Relator: Gustavo Tavares Borba. Rio de Janeiro. 06 mar. 2018. Disponível em: < http://www.cvm.gov.br/export/sites/cvm/noticias/anexos/2018/20180306_voto_DGB_Quality.pdf.>. Acesso em: 07 jul. 2018.

BRASIL. TC-004.920/2015-5.Natureza: Auditoria. Interessado: Tribunal de Contas da União. Unidade: Petróleo Brasileiro S.A. (Petrobras). **Mecanismo de busca de julgados do Tribunal de Contas da União.** Disponível em: < http://www.tcu.gov.br/Consultas/Juris/Docs/judoc/Acord/20151109/AC_2824_44_15_P.doc>. Acesso em: 13 mar. 2019.

BRASIL. Tribunal de Ética da Ordem dos Advogados do Brasil – Seccional São Paulo – E-4.697/2016 – v.u, em 22/09/2016, do parecer e ementa do Rel. Dr. ZANON DE PAULA BARROS – Rev. Dr. EDUARDO PEREZ SALUSSE – Presidente Dr. PEDRO PAULO WENDEL GASPARINI. **Mecanismo de busca de julgados do Tribunal de Ética da Ordem dos Advogados do Brasil Seccional São Paulo.** Disponível em: <https://www2.oabsp.org.br/asp/tribunal_etica/pop_ementas.asp?tipoEmenta=1&ano=2016&id_sessao=8&sequencial=11>. Acesso em: 13 mar. 2019.

BRASIL. Tribunal de Justiça de São Paulo. Improcedência do pedido de pagamento de seguro por responsabilidade do administrador. Apelação Com Revisão 9103221-02.2007.8.26.0000. Relator: Desembargador Vito Guglielmi. São Paulo, 11 dez. 2008. **Mecanismo de busca de jurisprudência do Tribunal de Justiça de São Paulo**, São Paulo, set. 2018. Disponível em: <https://esaj.tjsp.jus.br/cjsg/getArquivo.do?conversationId=&cdAcordao=3396747&cdForo=0&uuidCaptcha=sajcaptcha_9f7f3ff9c4ad4cada409b4f8e4b0efb1&vlCaptcha=afv&novoVlCaptcha=>.Acesso em: 09 set. 2018.

SOBRE OS AUTORES

Anna Carolina Endo Nicolini

Graduada em Direito pela Universidade Presbiteriana Mackenzie (2011). Pós-graduada em Direito Imobiliário (2017) pela PUC-SP e Pós-graduada em Direito Empresarial pelo INSPER (2018). Atua como advogada corporativa na American Tower do Brasil, desde 2014.

Felipe Fieri Silva

Advogado. Pós-graduado em Direito Societário pela Fundação Getúlio Vargas e em Direito Empresarial – LLC pelo INSPER – Instituto de Ensino e Pesquisa. Graduado em Direito pela Universidade Presbiteriana Mackenzie. Educação Executiva em Relações Governamentais pelo INSPER – Instituto de Ensino e Pesquisa.

Maria Luzia Pereira Alves de Lima

Pós-graduada em Direito Empresarial – LLC pelo INSPER – Instituto de Ensino e Pesquisa. Bacharel em Direito pela Faculdade de Direito de São Bernardo do Campo – FDSBC. Advogada em São Paulo.

Matheus Lothaller Gianello

Advogado. Pós-graduado em Direito Empresarial – LLC pelo INSPER – Instituto de Ensino e Pesquisa. Bacharel em Direito pela Universidade Presbiteriana Mackenzie. Presidente da Comissão de Licitações da seccional de São Caetano do Sul da OAB/SP durante o triênio 2016 – 2018.

Paulo Henrique Wilson

Bacharel em Direito pela UNIP/Sorocaba (2010) e Especialista em Direito Empresarial pelo INSPER (2018). Sócio da Carvalho & Wilson Sociedade de Advogados na cidade de Sorocaba, atua na área de estruturação de novos negócios, com foco em contratos e responsabilidade civil. Atualmente vem desenvolvendo um projeto para fomentar, do ponto de vista jurídico, o Agronegócio na Região Metropolitana de Sorocaba.

ÍNDICE